TROP BONNE,
TROP CONNE !

Anne Boutelant

avec la précieuse collaboration
d'Harry Ifergan, psychologue

TROP BONNE, TROP CONNE !

Pour ne plus jamais
être prise pour une poire !

MARABOUT

À mes parents, à qui je voue une reconnaissance absolue pour m'avoir donné dès ma naissance les outils qui m'ont permis de sortir de ma zone de confort.

À mes cinq enfants, à qui je voue une gratitude et un amour sans faille. Ils ont su chacun à leur façon m'encourager, me donner le temps et l'énergie pour me remettre en question et pour faire bouger les lignes de nos schémas établis.

LUNDI

06:48
C'EST PRÉCIS COMME HEURE !

C'est même plus que précis, c'est totalement obsessionnel, ce 48'.

Bref, ça n'est pas le sujet. En fait si, c'est un peu le sujet. L'important, quand je me lève, est que ce soit AVANT les « autres » – soit mon mec et les deux nains qui vivent encore avec nous : une femelle dans la splendeur de son adolescence et un petit mâle de 12 ans (leur sœur aînée est tombée du nid il n'y a pas si longtemps que ça…).

Parce que je ne veux personne dans les pattes, pas de bruit, pas de « maman-c'est-où-qu'il-est-mon-t-shirt-rouge-et-bleu-tu-sais-celui-que-ma-pote-m'a-rapporté-du-Japon ? », pas de « chérie-où-sont-mes-boutons-de-manchette ? » (ben là où tu les as mis, pardi !).

Bref, il faut que je sois opérationnelle la première, que je prenne la douche la première, que je prépare le petit déj (c'est vrai que des enfants qui ont du poil partout ne sont pas du tout capables de le préparer seuls…), un petit ravalement à la truelle magique pour rendre humaine ma figure encore bouffie de sommeil.

Bref, il est 7:20 et je me suis déjà énormément agitée, limite assez pour retourner sous la douche et hop ! tout recommencer à zéro. Mais non ! pas le temps, on ne mollit surtout pas au démarrage du marathon.

07:30
À TAAAAAAAAAABLE, LE P'TIT DÉJ EST SERVI !

Ils arrivent les uns après les autres, sans trop me calculer pour tout avouer. Pas grave, ils ont l'air tellement préoccupés par leur journée à venir.

Mon Dieu ce qu'ils sont bruyants ce matin ! Au choix : soit ils font trop de bruit, soit ils font la gueule. En plus, c'est contagieux, il suffit qu'il y en ait un qui fasse la tronche pour que le reste du troupeau soit contaminé.

Apparemment, mon homme a une réunion qui a l'air sacrément importante (vu comment il en parle en tout cas, c'est un « vrai » sujet : il est tendu, le gars, j'aimerais pas être son assistante...), les enfants ont des contrôles ET une soirée à mettre au point pour dans 15 jours.

Une chose est certaine, c'est que ni les uns ni les autres n'ont l'air très préoccupés par ce qui se passe pour moi côté boulot, pas trop d'inquiétude là-dessus. Ni par ce phénomène qui fait que le frigo se remplit par l'arrière et que, 365 soirs par an, ils ont un dîner digne de ce nom dans leur assiette. On ne va pas s'énerver pour autant.

Leur petit déj une fois englouti, ils quittent tous la table comme une nuée de moineaux tandis que je me jette la tête la première dans le lave-vaisselle rapido pour que la maison soit a peu près clean avant de partir bosser.

C'EST LE PSY QUI LE DIT...

« La position d'omnipotence que certaines femmes adoptent exonère le conjoint ainsi que les enfants d'une partie des tâches qui incombe à tous. » Okayyyyyyy ! Qu'est-ce à dire docteur ?

Toutes les études sociologiques mettent en avant une mauvaise répartition des tâches dévolues à un couple et des pôles de responsabilités hommes/femmes/enfants très marqués. Ainsi, une femme assume globalement les 2/3 du noyau dur des activités domestiques.

Faut-il en déduire que ni les hommes ni les enfants ne savent actionner le bouton de la machine à laver le linge, mettre le bon produit de lavage dans le grand réservoir et l'assouplissant dans le petit ? Est-ce trop difficile pour qui sait manier un ordi les yeux fermés et changer les bougies de son SUV chéri ? Noooooon !!!!! Un homme peut faire tout cela. Mais consent-il à s'« abaisser » à l'usage simplissime d'un lave-linge, d'une planche à repasser et d'un fer haute pression, ou encore à garder à l'esprit qu'il faut passer à la pharmacie pour acheter un vaccin avant la consultation chez le pédiatre ?

Si vous doutez de la réponse, faites le petit test ci-dessous. Elle vous sautera aux yeux immédiatement. Prête ? C'est parti.

Considérez chacune de ces tâches et obligations, et répondez par oui ou par non à une seule et unique question : mon conjoint les exécuterait-il s'il recevait pour cela la modique somme de 500 € ?

1. Se faire porter absent au travail à cause du bébé malade.

2. Aller récupérer le Nain chez la nounou à 18:30.

3. Penser à approvisionner le congélateur vide.

4. Appeler sa mère à la rescousse pour garder le petit le jour où la baby-sitter nous plante.

5. Confectionner le déguisement de princesse de notre fille pour l'anniversaire de sa cousine.

6. Nettoyer la litière du chat et penser à racheter le paquet de 5 kg...

Alors ? Vous en dites quoi ? Que ce mec-là serait millionnaire et que pas un ne raterait la bonne affaire ?!

Comment se fait-il donc que ces messieurs délaissent ces fonctions nécessaires et essentielles au bon fonctionnement d'un foyer ?

Et si, tout simplement, ils reproduisaient celui appris auprès de leurs propres parents ? Trop tard me direz-vous... Pas tout à fait, nous y reviendrons ! En attendant, tirez-en les leçons et faites en sorte que vos propres enfants cassent la chaîne de succession des bras cassés.

À FAIRE SANS FAUTE !

Enseignez à vos enfants à savoir se faire cuire (un œuf ?) des pâtes et un steak, planter un clou pour suspendre un tableau, passer le balai dans la cuisine, recoudre un bouton et faire un ourlet, faire les courses en suivant scrupuleusement la liste, vider la poubelle et remettre un sac propre, étendre le linge. Bref, tenir la maison, sa chambre d'étudiant, puis son futur studio en état de fonctionner. Garçons et filles apprendront à devenir indépendants de leurs parents. Oui ! vos enfants apprendront à être indépendants de VOUS également, et croyez-moi, mieux vaut couper le cordon avant qu'il ne soit trop tard. Ils gagneront aussi leur indépendance vis-à-vis de leurs petit(e)s ami(e)s et ne compteront pas forcément sur la copine qui est la seule à faire la popote ou le fiancé qui sait manier la perceuse à percussion. Alors, À VOUS de jouer !

08:15
J'HÉSITE : BUS OU VOITURE ?

La voiture, c'est plus cool, j'ai ma musique, je peux appeler ma mère (et ça, c'est bien parce que quand c'est fait, c'est coché et ça n'est plus à faire). Le problème, c'est que je n'ai pas de parking au boulot. Je me suis mal débrouillée sur ce coup-là. Jean-Michel et Maxime (mes alter ego dans la boîte) ont un parking, eux. C'est peut-être pas très grave, mais il faudra que je pense à en parler à mon prochain entretien d'évaluation.

Bon, je prends le bus.

08:22
Y'A UN MONDE DE DINGUE LÀ-DEDANS

Je suis debout, j'ai déjà mal aux pieds. Je suis vraiment décérébrée d'avoir mis ces talons de 12 cm. J'ai voulu faire ma fille et voilà ce qui arrive. Bruno (mon boss) nous a réunis l'autre jour et nous a fait comprendre à nous les femmes que ça serait bien si on pouvait avoir l'air de « vraies » filles. Genre le combiné talons/jupe/chemisier. Vous voyez ? Et moi, comme une bécasse, j'enregistre... et je m'exécute. D'où les talons. En plus, c'est débile cette nouvelle paire de pompes, Benoît (mon mari) – oui, je sais il va falloir suivre au niveau des prénoms (surtout que je l'appelle souvent Ben, et parfois, quand il m'énerve, Bob) –, est plus petit que moi et n'aime pas que je le dépasse ; aucune chance que je les mette en sa présence. Pourtant, moi, j'aime bien les couples où la nana est plus grande que son mec. Ça fait très Nicole Kidman et

Tom Cruise. OK, ça ne leur a pas porté chance qu'il lui arrive à l'épaule, mais ils avaient de la gueule quand même.

VOUS LE SAUREZ
POUR LA PROCHAINE FOIS...

Il est probable que la discussion qu'il faudrait que vous ayez avec votre boss pour lui expliquer que les talons, vous, c'est « non », risque d'être tendue. Ok, on n'est jamais à l'abri d'une bonne surprise, mais le fait qu'il vous fasse cette demande n'est pas un bon indicateur... En bref, il y a des chances qu'il eût adoré travailler dans une agence de mannequins, mais ça, c'est son problème, pas le vôtre.

Oui, oui ! vous êtes tout à fait d'accord que les talons hauts modifient radicalement la silhouette, vous affinent, vous élancent et vous rendent tellement plus « fâââmme ». Oui ! vous êtes d'accord pour être chic en toutes circonstances, surtout au boulot vis à vis des clients, mais vous ne vous déguisez plus en piquant les chaussures de votre mère depuis le CM1. Vous, c'est le soir avec vos amis et votre mec que vous avez éventuellement envie de vous sentir « fâââmme ». Et pas d'éventuellement finir la journée les pieds en compote et les chevilles fissurées. Mais, bon... apprenez à mentir pour la bonne cause et servez-lui un des arguments suivants :

1. J'ai une scoliose (si, si).

2. Les muscles de mes mollets sont en rétractation – malformation congénitale. (Dites-vous que c'est vrai et vous y croirez vous-même.)

3. L'hallux valgus – vous savez cette « bosse » à la base du gros orteil qui peut grossir à un point tel que toute tentative pour se chausser revient à faire rentrer le pied de Javotte dans la sandale de verre (version Disney) de Cendrillon – est héréditaire chez les femmes de ma famille. Pas possible pour moi de mettre des talons. Je suis déjà gentille de ne pas venir en chaussons au bureau !

4. Je suis sujette aux tendinites : je m'en voudrais de devoir m'absenter du boulot (hypocrite, va !)

5. Le Palais des festivals de Cannes est à plus de 800 km, alors à moins que la direction ait prévu un déménagement dans les prochains mois... Auquel cas, je ferai peut-être l'effort de m'entraîner à maîtriser l'art de se déplacer sur pilotis en serrant les fesses et en rentrant le ventre.

6. Je mesure 1,75 m à plat, ça me déroute un peu de friser le mètre quatre-vingt-dix. Et ça risque probablement de gêner les partenaires et les clients lorsqu'on sera tous debout.

À FAIRE SANS FAUTE !

Une étude a révélé que 100 % des utilisatrices des transports en commun ont été victimes au moins une fois dans leur vie de harcèlement sexuel. Cela va de l'agression verbale aux attouchements en passant par un "T'es trop belle M'dame, file-moi ton 06"). La définition est donc très large ! Dans la majorité des cas, elles ne réagissent pas – par peur ou par gêne – et préfèrent filer en regardant le bout de leurs chaussures. Ça n'est pas forcément une mauvaise idée, mais ça laisse un sentiment d'amertume qui est loin de renforcer le self esteem... Qu'on se le dise : il est important de se respecter suffisamment pour se faire respecter en sachant poser les limites face à tout harcèlement. Affûtez vos armes : vous avez le choix de réagir, en fonction de votre mental, du moment, de votre forme physique, du type d'agression en question et de l'endroit où vous vous trouvez. Pas question de vous mettre en danger, mais pas question non plus d'encaisser sans réagir. Soyez directe avec votre harceleur. Répondez-lui calmement en le regardant dans les yeux, cela peut le déstabiliser et lui faire lâcher l'affaire. Et n'hésitez pas à prendre les autres à témoin, ils pourront vous venir en aide.

08:57
ÇA Y EST, J'Y SUIS

Je ne suis pas mécontente. Y'a un mec dans le bus qui avait l'air de bien aimer ma tenue. Je pense que s'il y avait eu moins de monde, il m'aurait demandé mon 06... Et que s'il y avait plus de monde, il aurait bien laissé ses mains se balader.
Je m'en sors donc plutôt bien. J'arrive à l'heure pour avoir le temps d'aller embrasser mes copines avant ma prés' de 9:15.

09:15
AH GLAGLA

Tous ces costumes bleu marine devant moi, ça me brouille limite la vue. Concentration maximum. Je me mets en condition. Mais non je ne suis pas nulle, mais non ils ne sont pas meilleurs que moi, mais non je ne suis pas une usurpatrice. Merde, j'ai oublié de donner à bouffer au chien avant de partir. Contrariété.

09:19
AH... JEAN-MICHEL...

Jean-Michel (la cinquantaine, genre « vieux beau », sourire ultrabright, yeux azur) raconte à la cantonade qu'il a fait une nouvelle conquête ce week-end au Touquet, et qu'avoir une nana de trente ans dans son lit est nettement plus réjouissant qu'y avoir sa future-ex-femme ramollie de partout.
Ils se marrent tous, les vannes fusent. Bande de gros c...

J'essaie de rester concentrée sur mes PowerPoint (qui n'ont de « power » que le nom...).

09:25
LA RÉUNION DÉMARRE

Ils sont un peu dissipés tous ces quadras en ce lundi matin. Je sais que je ne peux pas me permettre d'approximation, certains d'entre eux louchent sur mon poste.

10:52
LA RÉUNION EST TERMINÉE

Elle n'en finissait plus... Mais c'était pas si terrible. Je suis soulagée. Je réactive mon portable que j'avais passé en mode « avion » juste avant la réunion. Trois « appels en absence » et trois messages sur ma boîte vocale. Le premier d'une copine dont le mari fait un *burn-out*. (Il faut que j'aille vérifier sur Wikipédia ce qu'est exactement un *burn-out*. Mais qu'est-ce qu'ils ont tous à faire un burn-out en ce moment ?)
Le suivant de ma Grande qui vient de se faire plaquer par son jules. Le troisième de la CPE du petit dernier qui a oublié de me faire signer une circulaire hyper importante pour l'école. Les trois appels ont l'air aussi désespérés qu'urgents.
Je me cogne dans Bruno en retournant à mon bureau. Il veut me voir tout-de-suite-là-maintenant pour le débrief de la réunion. Ça tombe mal. Je réclame une escale technique et file aux toilettes pour pianoter trois textos m'excusant mille fois de ne pas être présente là-tout-de-suite-maintenant. Je culpabilise. Tant pis, je vais annuler mon déj avec ma

copine, ça me laissera le temps de gérer les problèmes des autres de vive voix.

C'EST LE PSY QUI LE DIT...

Super épouse, super maman, super copine, super pro, super confidente... Voilà, vous êtes tout cela à la fois. Vous en avez conscience, c'est déjà ça. Mais pourquoi tenez-vous tant que ça à être une femme multicarte, dévouée à tous et en toutes circonstances ?

Votre vie est pleine, riche, vous êtes sur tous les fronts, il y en a partout ! Ça friserait presque la toute-puissance ce que vous ressentez, hein ? Mais n'avez-vous pas oublié un léger détail dans tout ça ? Une ultime carte à jouer ? Non ? Réfléchissez deux secondes. Quelle carte avez-vous oublié ? Qui avez-vous oublié ? Ah ! ça y est, vous y êtes presque. Alors ? !?! Eh oui. Vous. Je veux dire vous-même. Vous êtes tout simplement en train de vous faire passer après tout le monde.

À FAIRE SANS FAUTE !

Une fois dans la semaine, qu'il pleuve, qu'il vente, qu'il neige, que la terre tremble ou que Bob ait le nez qui coule, imposez-vous un moment pour vous. Prévenez votre entourage que vous éteignez votre portable et que vous n'y êtes pour personne. Coiffeur, méditation, Pilates, happy hour avec une amie, sieste, ermite dans votre cocon, bain moussant-ongles-épilation, ciné… bref TOUT ET N'IMPORTE QUOI qui VOUS fasse plaisir à vous et à vous seule. En ayant passé ce moment avec vous-même et pour vous-même, vous vous occuperez de votre conjoint et des autres avec plus d'attention et de sérénité.
Comme disait Mamie, charité bien ordonnée…

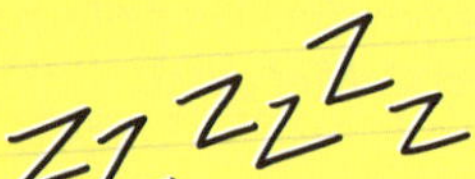

11:05
DÉBUT DE DÉBRIEF AVEC BRUNO

Je me dis pour la centième fois que son bureau est vraiment grand. Pas personnalisé, mais super grand. Il se moque légèrement de moi me demandant pourquoi, nous les filles, on a toujours besoin de passer aux toilettes. « On se demande bien ce que vous y faites si souvent ! » Je ne relève pas.
Il me félicite pour la réunion. Ses compliments sont teintés d'une pression insidieuse. Il m'explique que certains de mes collègues (euh, des collègues ou lui en chair et en os ?) trouvent que quitter le bureau avant 19:00 ne plaide pas en ma faveur, ni ne fait la preuve que « j'en veux ». Oui, peut-être bien que je devrais rester un soir sur deux pour traîner avec eux et profiter de leurs fameuses histoires drôles (ha ha ha, j'en ris d'avance). Je laisse cette pensée en suspens, j'en parlerai à Benoît ce soir. Enfin, s'il est de bon poil et pas trop fatigué.

11:45
JE REJOINS (ENFIN !) MON BUREAU

J'aime bien mon bureau. Je l'ai décoré hyper perso, je m'y sens chez moi. 75 mails depuis ce matin. J'appelle mon plan déj et j'annule. La copine est déçue. Moi aussi.

La question est de savoir auquel des trois appels je réponds en premier. Mais le choix est vite fait : celui de ma fille, qui a l'air au fin fond du désespoir. Ça risque d'être un peu longuet, mais c'est la priorité. Un de mes enfants pourrait m'appeler du fin fond d'une prison du fin fond de la Thaïlande m'avouant l'inavouable que j'irai le secourir, dussé-je y aller en rampant sur les genoux. Sur ce plan, je pourrais presque donner des cours à Mère Teresa.

Je l'appelle, elle est sur messagerie, déjà en ligne. Certainement avec une de ses meilleures amies-à-la-vie-à-la mort. Pas grave, j'appelle l'école de mon fils pour m'excuser pour la circulaire, au moins je sais que ce coup de fil-là sera court et efficace. Fait. J'appelle Juliette, ma copine-épouse-de-cadre-en-quasi-*burn-out*, et là, c'est la cata : elle a le moral dans ses chaussettes Wolford, faites vos jeux rien ne va plus. J'essaie de comprendre et de la rassurer. Double appel : ma fille. Je mets ma copine en pleurs en attente pour répondre à la chair de ma chair : en pleurs. Décidément, je suis face au Mur des lamentations.

Mon fixe sonne : c'est Bruno qui a oublié de me parler du jour off (demandé pour pouvoir accompagner une sortie scolaire de mon dernier). Hors de question, discussion close, trois jours avant la réunion avec les Chinois : NO WAY !
Je reprends mon portable, mauvaise manip, je perds les deux appels en attente. Je recommence. Je ne suis pas un poulpe, je n'ai que DEUX mains !

Ma fille est au fond du seau, ça me tord les boyaux de l'entendre pleurer. Je lui propose de passer ce soir. Ça va exaspérer Ben, mais je m'en fous. Il déteste les discussions de nanas et ne comprend pas pourquoi je me mêle des histoires d'amour des uns et des autres. Tiens, je vais acheter des escargots chez le traiteur, elle adore ça. Un détour d'un quart d'heure en sortant du boulot, mais ça vaut le coup.

Je raccroche, je rappelle ma copine Juliette. Elle est toujours en pleurs, je ne comprends pas tout ce qu'elle me dit tellement ses phrases sont entrecoupées de sanglots. Pas grave, me dit-elle, ce qui lui ferait vraiment plaisir serait que je la rejoigne et qu'on boive un pot ce soir après le boulot. Culpabilité. Impossible, tu comprends… ma fille. Elle comprend… mais, quand même, regrette ouvertement mon manque de disponibilité. Re-culpabilité. Je lui dis que je vais m'organiser pour qu'on se voie au plus vite. *Annuler quoi dans la semaine pour Juliette ? Trois heures minimum.*

C'EST LE PSY QUI LE DIT…

Maman pansement, maman pivot, « allô maman bobo. » Jusqu'où peut aller une mère dans le soutien et l'aide envers son enfant ? La question contient en soi une réponse : *no limit !*

Combien de fois a-t-on entendu le fameux « je le connais comme si je l'avais fait ! ». Et cette phrase-sésame ouvrirait donc tous les droits ? Or précisément, bien que notre enfant soit le nôtre, il faut considérer qu'il n'est pas à nous. Il s'appartient. Il a bataillé vers 2 ans, puis vers 8 ans et enfin vers 16 ou 17 ans pour gagner, pas à pas et peu à peu, un brin d'individualité, un bout d'autonomie pour aller vers une indépendance de pensée et d'action. Et c'est bien le rôle d'un parent de l'amener à vivre sa propre vie !

Certaines mères comptent trop sur leurs enfants pour concrétiser ce qu'elles-mêmes n'ont pu réaliser, pour qu'elles s'accomplissent enfin (pensez à ces mamans qui inscrivent leur enfant de 2 ans dans une agence de mannequin, ou qui poussent leur progéniture à faire des études qu'elles-mêmes auraient adoré poursuivre...).

Ces mêmes mères peuvent se montrer débordantes voire envahissantes, ne supportant pas que quelque chose de la vie de leur fils ou de leur fille puisse leur échapper. « Sa vie, c'est MA vie ! » disent certaines d'entre elles, tant elles perçoivent leur enfant comme le prolongement d'elle-même.

Il arrive aussi que lorsque l'homme (le père) vient à manquer, l'enfant devient le conjoint virtuel de certaines mamans. Elles enterrent l'idée de pouvoir convoler avec un autre homme et se consacrent définitivement aux enfants. En un mot, elles ne sont plus femmes, elles deviennent mère à 100 %.
Elles considèrent alors qu'elles sont en droit d'exiger de leur fils ou de leur fille la même exclusivité. « Et dire que je donne tout pour toi ! ». Peut-être... Sauf que l'enfant, lui, n'est pas prêt à donner sa vie à sa mère. Comment faire comprendre à une mère qui envahit tout le domaine de son ado et qui le phagocyte dans sa pensée, et même dans son intimité, qu'elle peut et doit rester à sa place ? Et sa place est presque partout sauf dans la chambre de l'enfant. Ce lieu sacré est en effet un cocon et une couveuse où il finalise la « conception » de sa personnalité. Et cela passe aussi par l'accumulation de linge sale, de moutons et de miettes de gâteaux sous le lit !

Pour prendre une image, lorsque l'arbrisseau a atteint une maturité suffisante, le jardinier lui retire le tuteur pour qu'il s'épanouisse pleinement. La mère est un tuteur indispensable à son enfant, mais jusqu'à un certain âge.

La chambre, la salle de bains, le téléphone, les mails, les courriers perso, les SMS sont la propriété de l'enfant et de l'adolescent. Une mère ne laisserait pas son enfant fouiller dans son sac à main.
La réciproque doit être vraie !

L'intimité naît, chez la fillette, aux alentours de 9 ans (et vers 11 ans chez le garçon). Il est essentiel de préserver ce sentiment si délicat et fragile sinon, ne soyez pas étonnés qu'un jour, ce même enfant débarque dans la chambre parentale au « mauvais moment ».

VOUS LE SAUREZ

POUR LA PROCHAINE FOIS...

1. Orientez votre enfant de temps à autre vers d'autres oreilles compatissantes : il doit diversifier ses interlocuteurs ! Votre fille pourrait appeler sa copine Jeannette pour ses problèmes scolaires, solliciter Mauricette pour ses peines de cœur et réclamer votre aide précieuse pour tempérer les relations au sein de la fratrie ou avec son père. Vous seriez un peu soulagée et elle commencerait à sortir de cette relation exclusive. Vous en serez fière pour elle et, du coup, vous supporterez d'autant mieux les moments où elle vous sollicitera.

2. Osez différer vos réponses à ses appels à l'aide, qui ne sont pas toujours d'une urgence vitale. N'hésitez pas à lui dire que sa peine peut attendre que vous sortiez du boulot ou terminiez vos courses : ce n'est certainement pas dans

la fille d'attente de la caisse au supermarché que vous allez résoudre son désarroi...

3. Gardez le lien intime avec votre enfant, intéressez-vous à sa vie, ses joies et ses peines, mais ne montez pas systématiquement au créneau dès qu'il lui arrive quelque chose. Bref, résistez au besoin d'être encore et toujours la mère pivot sans laquelle rien n'est possible. Ça n'est bon ni pour vous ni pour lui. Il apprendra à vous savoir « présente », mais à distance, sans que vous soyez là. Les psys appellent ça « l'intériorisation du parent » : une mère peut vivre à des milliers de kilomètres de son enfant, il la sentira proche, et cela suffira à ce qu'il soit imprégné de la présence parentale, toujours réconfortante.

13:30
C'EST HALLUCINANT CE QUE LE TEMPS PASSE VITE

OK, j'ai rien vu venir... La *conf call* est à 14:00 : *exit* la cantine et la queue à rallonge devant le comptoir vert anis (celui du poisson-légumes vapeur). J'ouvre mes tiroirs à la recherche d'un biscuit, une barre de céréales... de n'importe quoi qui pourrait calmer la tempête qui gronde dans mon estomac. Un vieux Tuc et trois morceaux de sucre feront l'affaire. Pas très bon pour ma santé tout ça. Benoît a raison, j'ai pris un peu de ventre. Il faut que je fasse attention. Lui, il « vieillit » bien : il fait du sport tous les samedis matin quand je fais le plein de courses, ça l'aide à garder la ligne.

14:00
CONF CALL AVEC LES STATES

Je suis en salle de réunion avec Jean-Michel et Maxime. Vu leur mine réjouie, je suppose qu'ils n'ont pas changé de sujet depuis ce matin… La nouvelle poule de JM doit avoir les oreilles qui sifflent. Dommage pour eux : l'écran s'allume et l'apparition de Mr Smith les interrompt. *So far, so good*, le *trip to Detroit* se précise pour deux d'entre nous. La seule idée m'enthousiasme : une bonne occase pour laisser la maison tourner sans moi ! *So excited !*

15:00
RETOUR DANS MA BULLE

Mon ventre gargouille de plus en plus, c'en est presque gênant… On commence à me regarder de travers… Dans l'espoir de faire taire mon estomac logorrhéique, je fais un saut aux distributeurs situés à l'étage en dessous. J'y rencontre Alexandra. La pauvre Alexandra. Elle vient de se faire plaquer et se retrouve *all alone* avec ses deux gosses. Elle me fait une peine de dingue. J'en serais presque à culpabiliser d'être à ma place plutôt qu'à la sienne : au-delà du chagrin qui la ravage, elle va devoir gérer seule une montagne de problèmes plus anxiogènes les uns que les autres. J'essaie de lui remonter le moral comme je peux, mais je n'arrive qu'à lui servir des banalités. Mon Dieu, faites que cela ne m'arrive pas ! Faut vraiment que je fasse du sport à l'heure du déj. Non pas que ça me plaise d'enfiler une paire de baskets, mais mon homme mérite d'avoir une chérie à sa hauteur, non ? Remarque, je le dépasse déjà…

15:23
CAPPUCCINO RAPIDO DEVANT MON ORDI

Mail des États-Unis. Ils confirment nous attendre dans un mois, à deux, comme convenu. Jean-Michel et Maxime, dans un *reply to all* parfaitement coordonné, répondent qu'ils seront ravis de s'y rendre. Alors... si je calcule bien : Jean-Michel = 1. Maxime = 1. Moi = 1. Ça fait 3.

15:26
Y'A UN TRUC QUI CLOCHE

Je décroche le téléphone pour parler d'urgence à Bruno, et tombe sur son assistante. « C'est à quel sujet ? Ah oui, OK, je comprends, mais tu sais, c'est souvent les hommes qui partent entre eux, ils aiment bien ça. » Ben, moi aussi j'aimerais bien ça ! D'après Aristote, ce salopard de philosophe grec (qui devait par ailleurs être un brave gars), « la relation entre l'homme et la femme est par nature telle que l'homme est supérieur, la femme inférieure, que l'homme gouverne et que la femme est gouvernée ». C'est pourtant clair, non ? Les bases étant posées, il en faudra des coups de pagaies pour que les mentalités changent.

16:15
MA MÈRE M'APPELLE

Exclu du jour : mon neveu s'est cassé le poignet en faisant du trampoline ce week-end. Je compatis... mais ça me fait une belle jambe, et l'info est loin d'être prioritaire dans mon agenda bousculé d'aujourd'hui. Maman n'a jamais bossé. C'est sûrement pour ça qu'elle ne comprend pas pourquoi je ne m'étends pas sur le scoop et que je ne lui pose pas les questions d'usage dans ce genre de circonstances. Elle est déçue. Et moi agacée. Agacée car, décidément, on n'est pas sur la même longueur d'ondes. Cela dit, je ne peux m'en prendre qu'à moi-même : je l'ai tellement habituée à toujours écouter tout ce qu'elle me raconte en me sentant concernée à 110 % ! Ça me fait de la peine (un peu), j'espère pouvoir lui consacrer du temps avant la saint-glinglin. Si possible quand Benoît sera occupé ailleurs. C'est compliqué entre eux. Ça n'est pas qu'ils ne s'aiment pas, mais je ne peux pas dire qu'ils soient très à l'aise l'un avec l'autre. J'ai toujours l'impression d'être entre le marteau et l'enclume quand on est ensemble. Encore une situation qui me fait culpabiliser. Ces deux-là font partie de ma vie, et ça me fout en l'air qu'ils ne fassent pas plus d'efforts pour que ça se passe bien : ils pourraient au moins faire semblant, juste pour me faire plaisir !

16:48
CONVOCATION DANS LE BUREAU DU CHEF

Bruno est déjà en conversation avec Jean-Michel et Maxime. Sympa. Je sens le traquenard ! Bruno m'explique sans aucun complexe qu'il me rend service en ne m'envoyant pas à Détroit : c'est plus confortable, pour une femme qui doit gérer ses enfants, sa maison et son mari en plus de son boulot, de ne pas tout bouleverser en partant en mission au bout du monde. Déjà que je quitte le bureau avant 19:00… Je tente une vague protestation en lui expliquant que je suis tout à fait à même de gérer mes impératifs professionnels et ma vie privée. Un sourire au coin des lèvres, Bruno essaie de m'amadouer en plaidant qu'il a besoin de moi à ses côtés – clin d'œil hyper discret aux deux autres en costume-cravate. Fin de la discussion. Eh, les gars, vous avez déjà entendu parler de la loi de 2001 qui entérine l'égalité professionnelle entre hommes et femmes ? Ça vous a pas marqués on dirait...

17:25
TEXTO DE BOB

« D'après Joséphine (la superbe-et-super-intelligente-assistante de mon mari, genre Angelina Jolie croisée avec Anne Sinclair, voyez ?), j'ai peut-être un peu grossi (tu trouves ?). Merci de prévoir un dîner léger ce soir. À ce soir ma p'tite chérie ». 1,74 m quand même ! P'tite chérie... Le poissonnier est diamétralement à l'opposé du traiteur pour les escargots, ça se complique. Bruno a raison, je vais partir avant 19:00.

17:45
ALEXANDRA PASSE UNE TÊTE

Mais non tu ne me déranges pas bichette ! Bien sûr, je peux prendre encore un peu de temps ! Elle me parle de son mec parti acheter des cigarettes et qui n'a jamais retrouvé le chemin de la maison, me demande si je pense qu'il va revenir.

Elle a l'air tellement aux abois que je n'ai pas le cœur de lui dire le fond de ma pensée.

En même temps, il faut que je réponde à 37 mails restés en attente. J'essaie de faire efficace, sans la brusquer. Je m'en sors en lui promettant un déj en tête-à-tête.
Je la trouve touchante de me parler aussi librement ; moi, même quand je vais archi-mal, je fais tout pour ne pas le montrer.

18:17
LES MAILS, QUAND C'EST FAIT, C'EST PLUS À FAIRE

L'immédiateté des moyens de communication ne souffre aucun temps de latence dans les réponses. Tout doit se faire vite, si vite, trop vite. Je suis hyper stressée, il faut que je sois partie dans moins de 45 minutes. Je blinde mes réponses et fais ma *To Do List* pro pour ma journée de demain.

18:55
JE DÉCOLLE

Je laisse ma veste sur le dossier de mon fauteuil, bien en évidence et je pars en catimini, en laissant la lumière allumée dans mon bureau... Je me sens totalement nulle de faire ce genre de truc... On dirait une ado qui fait le mur.

C'EST LE PSY QUI LE DIT…

Sachez-le : la culpabilité est un sentiment naturel. C'est un garde-fou qui vous protège du sentiment de toute-puissance qui vous amènerait à faire tout et n'importe quoi.

Donc, point n° 1 : c'est plutôt très bon signe que vous vous sentiez parfois coupable. C'est bon à entendre ça, non !?

La culpabilité est la résultante d'un conflit intérieur entre un désir et son interdit : c'est un mécanisme de défense. Il est donc important de ne pas essayer de la gommer à tout prix. Il est en revanche nécessaire de la comprendre pour la maîtriser.

Imaginez deux voitures fonçant l'une vers l'autre. L'une porte le désir, l'autre l'interdit de ce désir. Les deux véhicules entrent en collision. Si le désir « gagne » en écrasant son interdit : vous vous sentez coupable. Même scène avec la « victoire » de l'interdit, vous allez vous sentir forte d'avoir su résister à la tentation. Forte oui, mais certainement aussi frustrée. C'est pourquoi il est essentiel de savoir utiliser cet outil qu'est la culpabilité pour doser aussi bien que possible la résolution de vos conflits intérieurs. Il faut savoir mettre les curseurs au bon endroit pour vous sentir le plus en phase avec vous-même, ni trop coupable, ni trop frustrée.

Sachez également que votre degré de culpabilité est assujetti à votre caractère ainsi qu'à l'éducation que vous avez reçue. Et celle-là, on ne la refait pas facilement ! La culpabilité est donc souvent imprégnée des principes éducatifs qui viennent de vos expériences personnelles, mais surtout de vos parents (merci papa-maman !).

Mais plus que tout, il faut avoir conscience que celui ou celle qui se culpabilise le fait aussi et surtout parce qu'il/elle le veut bien ! (et non, comme le dit une certaine pub, « parce que je le vaux bien »).

Et vous avez dans votre boîte à outils personnelle bien d'autres défenses à actionner, à mettre en place pour résoudre vos conflits intérieurs : le mensonge, la mégalomanie, la toute-puissance et le déni. Reprenons chacun de ces points pour y voir un peu plus clair (et ça vous fera peut-être penser à quelqu'un !).

Le mensonge : qui n'a jamais menti pour se dégager habilement d'une situation embarrassante ? Le mensonge, savamment dosé et même teinté de naïveté feinte, permet de se sortir d'une mauvaise passe. Plutôt que de culpabiliser, de s'enfoncer, de réduire à néant une part de sa fierté et de sa crédibilité aux yeux des autres, un brin de mensonge peut aider.

La mégalomanie : cet autre outil, dont il faut user avec parcimonie, est un stratagème qu'utilise un individu (et bientôt vous) pour époustoufler et s'époustoufler lui-même en faisant croire qu'il est plus important que ce que l'on pense. Pourquoi se culpabiliserait-il de n'être pas assez fiable, pas assez généreux, jamais aimable ni souriant ? Pourquoi accepterait-il de se reconnaître plus bas ou plus faible que les autres ? Plutôt que de se culpabiliser, il opte pour un brin de mégalomanie : « Je suis ce que je voudrais être. » Cette technique est ni plus ni moins celle de la célèbre « méthode Coué », une sorte de prophétie auto-réalisatrice dans le but d'atteindre plus aisément son objectif. Se mentir à soi, croire à ce qu'on dit pour advenir autrement et plus légèrement, en se libérant d'une part de sa culpabilité.

La toute-puissance et le déni : certes, ce sont des mécanismes très efficaces, mais il faut savoir qu'ils relèvent franchement d'un registre psychopathologique ! Nous laisserons donc ces armes redoutables aux pervers narcissiques et aux grands fous. Mais il faut dire qu'ils évitent habilement de ressentir tout sentiment de culpabilité !

Notons tout de même, et ce n'est pas forcément rassurant, que ces quatre outils sont actionnés bien plus souvent par les hommes que par les femmes ! Pourquoi donc les hommes n'aiment-ils pas se sentir coupables ? Qu'y perdraient-ils : leur honneur ? leur fierté ? leur force ? une part de virilité ? Mais surtout, pourquoi les femmes s'abandonnent-elles plus qu'eux à ce sentiment de culpabilité ? La réponse se trouve peut-être dans l'héritage familial ou l'enfance (coupable de vouloir étrangler la petite sœur, de vouloir épouser papa, de voler des bonbons...). Les femmes sont ralenties par le poids de ces culpabilités infantiles qu'elles traînent comme un fardeau. Mais qu'est-ce qui les empêche de faire comme certains hommes ? Trop de franchise ou de courage ? Un sentiment de soumission ? Vaste question...

Certaines femmes, pourtant, savent accepter ce dont elles se sentent coupables et vivent avec, sans sourciller, mais sans s'en vanter non plus. À vous de les prendre pour exemple !

19:00
SPRINT CHEZ LE TRAITEUR

Avec mes talons de 12, c'est le pied ! Je vais finir par faire comme les New-Yorkaises et mettre une bonne paire de baskets dans mon sac à main ! J'achète les fameux escargots. Uniquement pour ceux qui les tolèrent. Branchement de neurones rapide : qui aime ça à la maison ? Réponse un peu lente à monter au cerveau sous l'œil peu affable du vendeur. Je file chez le poissonnier et, là, rebelote, qu'est ce que je vous sers ma p'tite dame, et c'est pour combien de personnes, et pour quels genres d'appétits… Mais tu sais quoi Monsieur le Poissonnier, fais comme tu le sens parce que là, moi avec mes trois sucres dans l'estomac, je suis à deux doigts de faire un malaise vagal et de tomber la tête dans le cabillaud.

19:36
J'AI DE LA CHANCE, LE BUS ARRIVE TOUT DE SUITE

Le kif de la journée ! Comme quoi, la vie m'a rendue moins exigeante : on se fait les petites joies que l'on peut. Aucune place assise. Une bande d'ados squatte les sièges juste à côté de moi. Je suis pendue par une main à la barre transversale, bringuebalée de droite et de gauche au rythme des coups de frein délicats du chauffeur qui a manifestement besoin de se défouler sur la pédale de droite. Ça ne leur viendrait pas à l'idée de me laisser une place à ces p'tits cons ? ! (Et moi, ça ne me viendrait pas à l'idée de ne pas me transformer en vieille conne ? !) Tiens, à propos de salopiots, je vais demander aux gosses de passer chez Franprix acheter un pack d'eau et de mettre la table. Je tombe sur le Nain n° 2 qui n'a « pas le temps parce que j'ai a des trucs à faire. » J'expérimente l'engueulade à voix basse. Tiens ! ça fonctionne.

19:55
SMS DE MA FILLE ABANDONNÉE

« Bon nouvel mam' tkt, tt va bien il et revenu ma di kil mm sui si happy, love ». Faire khâgne pour en arriver là... Mais bon je dis ça, je ne dis rien. Au fait, ça se congèle les escargots ?

C'EST LE PSY QUI LE DIT...

L'urgence, la vraie, c'est quand on appelle le 15 ou le 18 ! Celle que vous ressentez quand un de vos « petits » a mal est toute relative.

Apprenez à votre enfant, et soyez-en vous-même consciente, qu'il est important de différer les événements, et que, bien souvent, prendre du recul sur une situation de crise permet de la désamorcer.

En voulant tout régler, tout le temps et dans l'urgence (enfin, ce que vous considérez comme une urgence), il est possible que vous teniez à devenir la seule, l'unique, l'indispensable protectrice de votre progéniture.

Sachez qu'un tiers – et en premier lieu leur père ! – peut aussi se montrer efficace dans certains cas. De même que la tante ou le parrain saura parfois mieux écouter sa nièce ou sa filleule que vous. Il arrive aussi que l'aîné de la famille, du fait de la proximité avec son ou sa cadette, apaise plus efficacement que vous, alors que vous pensiez être l'unique personne à pouvoir désamorcer une situation de crise.

N'oubliez pas que vos sentiments pleins d'amour peuvent parfois brouiller votre raison. Or, en cas d'« urgence », la rationalisation l'emporte parfois sur la tendresse. Sachez-le, l'affection n'est pas toujours empreinte d'efficacité en pareils cas !

VOUS LE SAUREZ

POUR LA PROCHAINE FOIS...

Vous êtes au boulot, vous buvez un pot avec une copine, vous faites la queue à la caisse du Franprix, l'appel en sanglots vous tétanise car vous ne pouvez pas, là-tout-de-suite-maintenant courir pour le/la prendre dans vos bras...

Mettez en place une hotline simple et efficace :

1. Dites-lui que vous compatissez, vraiment. Pas de sensiblerie, mais faites-lui entendre que vous comprenez ce qu'il/elle ressent.

2. Expliquez-lui pourquoi vous n'êtes pas disponible tout de suite, sans culpabilité.

3. Sachez le/la soutenir au téléphone par quelques phrases rassurantes qui lui permettront de patienter.

4. Donnez-lui un créneau horaire précis où vous pourrez le/la rappeler ou passer le/la voir. Pas de « je te rappelle dès que je peux », c'est trop angoissant. Si besoin, trouvez un compromis équitable entre son attente et votre planning.

5. Arrivée à la maison, prenez le temps de bien vous installer et coupez la sonnerie du téléphone. Là, vous êtes dans de bonnes conditions pour une écoute chaleureuse, et surtout concentrée, sur les besoins de votre « poussin » en détresse.

6. Remettez votre enfant en situation de confort, comme quand il était petit et qu'il tombait de vélo ou qu'il s'était disputé avec son meilleur copain. Trouvez des astuces pour qu'il/elle se sente considéré et materné. Les trois leviers que vous pouvez actionner sans danger sont ceux que vous utilisiez lorsque votre enfant était bébé et qui lui faisaient tant de bien : la parole, la nourriture, la chaleur. Souvenez-vous des gestes et de la douceur que vous mobilisiez quand vous le/la preniez sur vos genoux dans les moments de gros chagrins... et faites pareil, même si son mètre quatre-vingt-cinq vous demande une certaine adaptation.

20:05
CLEF DANS LA SERRURE

Petit moment d'appréhension avant d'entrer sur le ring. Une dispute est en cours entre les deux Nains de la maison à propos d'un T-shirt, égaré, volé, que sais-je ? C'est divin. La seule « personne » qui vient m'accueillir est le chien, qui a l'estomac dans le même état que moi : VIDE. C'est dingue ce qu'il a l'air content de me voir ! Ah mais oui, bien sûr, personne ne l'a sorti... Je redescends illico le faire pisser.

20:15
LA PORTE CLAQUE

Benoît rentre. Je m'approche pour l'embrasser, il me repousse gentiment en disant qu'il a transpiré parce que la clim de sa voiture marche mal. Il va falloir s'en occuper. Oui, mon amour... On va faire ça. Pas de contrariété, surtout pas de contrariété, ça fait fuir les mecs, les contrariétés.

20:18
JE QUITTE MES ÉCHASSES

Maintenant que Ben m'a vue en vraie fille (j'espère qu'il a pu profiter du spectacle), je peux éjecter de mes pieds ces fichus stilettos. J'enfile un jogging et une bonne paire de chaussettes : aaaah ! que c'est bon. Mon homme n'a pas l'air d'apprécier autant que moi. Le reste de la famille n'est manifestement pas au diapason : le T-shirt est toujours manquant, la table n'est pas mise. Apparemment, l'engueulade à voix basse n'a pas si bien fonctionné que ça. Je hurle aux enfants de mettre la table. Ils réagissent au troisième beuglement.

20:24
HOP, HOP HOP !

Je me mets rapido à la préparation du dîner (poisson et légumes pour Monseigneur) tout en signant la fameuse circulaire de mon dernier Nain. Appuyé au chambranle de la porte de la cuisine, les mains dans les poches, Benoît raconte en détail sa réunion super importante du matin, s'attardant notamment sur les exploits de Joséphine-qui-est-si-fine. Agacement. Je l'ai vue une fois cette Joséphine, 35 ans, célibataire, mignonnette et bien foutue. Elle n'a pas inventé le fil à couper l'eau tiède (ou l'eau chaude, j'sais plus... bon, je suis de mauvaise foi), mais son boss ne s'en plaint manifestement pas. Bien au contraire !

20:50
TOUT LE MONDE Y VA DE SES PETITES HISTOIRES

Et bla bla bla, et bla bla bla... Autour d'un repas que JE qualifierai de divin. Eh oui, pas moins. En même temps, ça n'a pas l'air de frapper qui que ce soit. De mon côté, je n'ai pas la force de raconter quoi que ce soit : les écouter me pompe déjà toute mon énergie.

21:20
FIN DU DÎNER, C'EST PLIÉ

Je suis littéralement lessivée. Benoît s'en rend compte (je dois vraiment avoir une sale tronche pour qu'il le remarque) et demande aux enfants de m'aider à débarrasser. Lui part relever ses mails. Pour les Nains, débarrasser, c'est desservir. Pas ranger tout bien comme il faut. Ils s'en foutent totalement que la table soit pleine de miettes par exemple : je suis là pour passer derrière. Et ils s'imaginent dans leurs petites têtes que les assiettes plongent toutes seules dans le lave-vaisselle. Alors je m'y colle, trop crevée pour leur expliquer pour la 4 000e fois que c'est pas comme ça que ça se passe dans la vraie vie. À se demander si l'éducation que je m'efforce de leur donner va les armer pour leur vie future. En même temps, on est supposé être deux à les élever, merde ! Pourquoi je suis la seule dans l'équipe à me décarcasser ? La colère et la culpabilité montent comme une mayonnaise !

21:45
INSTANT OBAO...

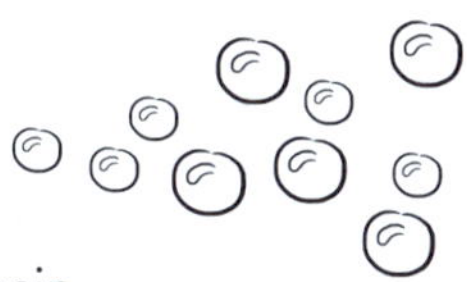

Je rentre enfin dans la douche pour un moment « douceur et volupté » (*dixit* le flacon de gel douche Obao, mon préféré). Ben non... Y'en a plus. Les Nains ont dû s'en servir pour faire mousser leur bain... Il ne reste plus que le Gentlemen Only de Ben. Forcément, il mousse moins. Bon, tant pis s'il a l'impression de partager son lit avec lui-même... Remarque, ça ne le changera pas beaucoup vu son application à squatter le milieu du matelas et à s'entortiller dans la totalité de la couette. Penser à racheter du gel douche. Penser à suggérer l'acquisition de deux nouvelles couettes (une chacun, comme les Danois, qui sont, paraît-il, le peuple le plus heureux de la planète).

22:10
TOURNÉE BISOUS

De chambre en chambre… J'ai gardé cette habitude de quand ils étaient petits, mais j'ai la désagréable impression que ce rituel me rassure et les agace. Caresse au chien. Regard implorant. Je me rhabille. Je sors Mirza.

22:34
TÊTE LA PREMIÈRE DANS MON LIT

Ben ronfle déjà. Pour l'instant, position du soldat, bien droit, les bras le long du corps. Mais ça ne va pas durer… C'est dingue cette capacité à s'endormir en quelques minutes ! Quant à moi, personne ne m'aura demandé comment s'est passé ma journée. Pas grave, demain j'irai bosser en voiture, je pourrai téléphoner (avec mon kit mains libres, of course) et tout raconter à Charlotte, ma super pote à qui je dis tout et qui me dit tout, ma BFF quoi… (ben oui, moi aussi je connais des acronymes bien cool !)

Je vérifie le réveil, je passe mentalement en revue ce que me réserve ma journée de demain. Tout est en ordre. Je peux (enfin !) m'endormir.

TEST

QUEL TYPE DE MÈRE ÊTES-VOUS ?

1. Avoir un enfant, ça représente quoi pour vous ?

■ Vous n'aviez pas bien saisi ce que veut dire « petit enfant petits soucis, grand enfant grands soucis ». Maintenant vous avez compris...

▲ Du plus loin que vous vous souvenez, vous en rêviez.

● C'est la plus belle chose qui vous soit arrivée.

2. Votre enfant a de la fièvre

▲ Vous appelez tout de suite S.O.S. médecins.

● Vous surveillez son état et attendez le lendemain pour décider que faire.

■ Vous demandez à votre conjoint de lui coller une aspirine dans le bec.

3. Le dimanche avec les enfants

▲ Sport et activités à tout va, vous ne vous laissez pas une minute pour souffler.

■ Chacun fait ce qu'il veut. Moi en tout cas je ne bouge pas de mon lit.

● C'est votre conjoint qui prend en charge le dimanche. Ça fait du bien à tout le monde.

---

4. Élever un enfant, c'est avant tout lui donner :

● De la liberté.

■ Des baffes quand ça va pas et des fringues quand ça va.

▲ Du temps.

---

5. Question éducation, vous êtes d'accord avec :

■ Qui aime bien châtie bien.

▲ Il faut tout sacrifier pour ses enfants.

● Les enfants ont plus besoin de modèles que de critiques pour se construire.

6. Votre Nain vous réclame dans le rayon du magasin le dernier jeu à la mode que tous ces copains ont. Vous n'aviez pas du tout prévu de lui acheter quoi que ce soit

● Vous lui expliquez que ce genre de cadeau se mérite et que vous y penserez pour le prochain anniversaire.

▲ Vous lui achetez en le suppliant de ne rien dire au reste de la famille.

■ Vous vous tenez à ce que vous aviez décidé malgré ses beuglements, en lui promettant une méga punition s'il n'arrête pas tout de suite son cinéma.

RÉSULTATS

Vous obtenez une majorité de ■

VOUS ÊTES UNE MÈRE QUI A TOUT COMPRIS

Eh oui, vous avez gagné le cocotier ! Parce que oh, eh, hein, bon, y'en a marre de l'enfant roi, du petit qu'on couve comme un poussin. C'est quoi cette histoire de donner sa vie pour ses enfants ? Non, vous, vous avez fait des mioches pour les allocations familiales, qu'on se le dise. Après, qu'ils vivent leur vie. Ne dit-on pas que les parents sont là pour les faire s'envoler ? Ben voilà, envolez-vous mes cailles, maman a autre chose à faire.

Vous obtenez une majorité de ▲

VOUS ÊTES UNE MÈRE AVEC UN QI D'HUÎTRE

Ben quoi, une huître c'est bon et en plus, ça fait des perles... Voilà, on ne vous le fait pas dire, vous êtes une perle dans votre genre. Une sorte de petit paillasson sur lequel tout le monde, et vos Nains en premier, vient s'essuyer les pieds. À côté de vous, Blanche Neige qui s'occupe des Sept nains est la reine du féminisme et de l'émancipation...

Vous obtenez une majorité de ●

VOUS AVEZ MENTI EN FAISANT CE TEST

Vous pensiez nous avoir en répondant comme si vous étiez la réincarnation de Dolto ? On n'est pas né de la dernière pluie, Madame. Vous êtes une sacrée roublarde ! Comme s'il était possible de nos jours d'être une maman équilibrée qui sait jongler avec l'éducation, les règles, les bisous, les câlins, les punitions, les réveils nocturnes ou au contraire tardifs, l'école, les sorties... Bref, la vie quoi. Naaan, on ne vous croit pas. *Game over*, recommencez le test !

MARDI

6:48
JE FAIS UN BOND DANS MON LIT

Le réveil fait très bien son boulot… Il faut absolument que je pense à baisser le volume de l'alarme. Dommage qu'elle ait interrompu mon rêve, qui, mmmh, me laisse une sensation plutôt agréable. Non… non, non ! Flash : je suis sur une plage de sable blanc avec Jean-Michel, monsieur ultra-bright. Non mais d'où ça sort, ça ?

J'ai bien perdu deux minutes sur mon timing à psychoter à propos de ce rêve débile. Du coup, une fois plantée sous le pommeau de douche me reviennent des souvenirs de nos premiers mois de vie commune avec Benoît. C'était tellement fort et tellement joyeux. Ken et Barbie à Paradise Island… C'est toujours génial, mais un peu moins quand même. Pourtant, quand on s'est installé ensemble, les choses semblaient claires : on allait s'éclater tous les deux dans notre boulot, on allait fabriquer des enfants qui seraient le doux mélange de nous deux, on allait se respecter et laisser à l'autre l'espace de liberté nécessaire à son épanouissement, on allait tout faire à deux, comme les cygnes (ou les manchots…) qui s'apparient pour la vie ! Du respect, de l'amour et du partage.

À quel moment tout ça a-t-il glissé vers un équilibre un peu banal, un peu bancal ? À quel moment n'ai-je pas vu que le programme avait changé ? Qu'il était devenu évident que ce soit moi qui reste à la maison pour les bronchiolites et les varicelles ? Que j'étais la seule à me taper une étape de *Pékin Express* le soir après le boulot pour s'assurer que le dîner ressemblerait à quelque chose ? Et je n'ai pas résisté. À aucun moment je n'ai remis en question ce qui de toute évidence s'installait pour de bon. À aucun moment nous n'en avons parlé.

Merde, je suis vraiment à la bourre maintenant avec toutes ces questions. Pas grave, je vais aller bosser en voiture, je me maquillerai aux feux rouges, c'est toujours ça de gagné.

C'EST LE PSY QUI LE DIT...

La vie de couple, c'est comme un Tour de France : il y a des étapes. De la fusion à la relation durable, le parcours sera parfois parsemé d'embûches et d'obstacles. Pour tenir le cap, autant connaître la feuille de route !

De la fusion au cap des 3 ans. On se rencontre, on se plaît, on tombe en amour comme disent si joliment les Canadiens... et on devient de vraies glues ! On entre dans une période de fusion où chaque éloignement est un déchirement et chaque moment partagé l'occasion de découvrir avec enchantement et papillons dans le ventre que l'on est fait l'un pour l'autre. On se marre à ses moindres blagounettes, il nous trouve sublime même au réveil maquillée de la veille, on se regarde avec des yeux de merlan frit persuadés que le monde entier est peuplé de Bisounours...

Bref, cet amour passion donne des ailes mais rend légèrement aveugle...

1 095 jours plus tard... Ou 1 096, on n'est pas au jour près, non ? Vient donc un jour où l'on se rend compte qu'il y a comme un léger décalage entre ce que l'on avait fantasmé et la réalité (non, décidément, cette moustache qui vous faisait penser à Magnum le transforme plutôt en sosie de José Bové). Or il n'est pas si simple de rompre avec sa vision fantasmée de l'Amour. Tout le travail va consister à accepter de vivre une relation qui ne soit pas synonyme d'excitations et de plaisirs quotidiens.

Plusieurs options s'offrent à vous :

1. Vous tentez de corriger autoritairement ce qui vous exaspère chez l'autre (« va raser ta moustache ! ») avec le risque de créer des frictions si vous ne lui expliquez pas ce que vous ressentez. Il n'est pas si sûr que vous ayez gain de cause et que l'oiseau n'ouvre pas, de lui-même, la porte de sa cage...

2. Vous mettez la tête dans le sable (José Bové, c'est mieux que Raymond Domenech jeune, non ?) et vous zappez ce qui ne vous va pas avec le risque d'accumuler les rancœurs.

3. Vous regardez en face les décalages et vous CO-MMU-NI-QUEZ sans dramatiser sur le fait que, d'un côté comme de l'autre, vous n'êtes pas exactement les êtres parfaits que vous idéalisiez. N'hésitez pas à utiliser

l'humour pour tirer la sonnette d'alarme quand vous vous trouverez face à une réaction qui ne vous plaît pas. Mettez en place les bases d'une vraie relation, tout en apprenant à mettre un peu d'eau dans votre vin, de l'air et de la communication entre vous. Définissez votre territoire, qui n'est pas uniquement celui de votre conjoint. Exprimez clairement vos besoins, vos attentes et vos limites. Il est plus que probable que cela le rassurera, lui-même devant être dans le même état d'esprit. Indiquez-lui enfin que s'éloigner l'un de l'autre, par moments, peut raviver le désir entre vous. Souvenez-vous, c'est le manque qui produit le désir, jamais l'inverse !

Le cap des 7 ans. Plus vous aurez géré avec sincérité et bienveillance le cap des trois ans (ne vous fiez pas pour cela à Frédéric Beigbeder), plus simple sera ce passage.

Attention, ça n'est pas parce que la passion du début a laissé place à un amour plus calme et plus tendre que vous n'êtes plus amoureuse ! Pas de panique Monique ! La passion est crevante à la longue et ce n'est pas une si mauvaise nouvelle qu'elle se transforme en un amour plus paisible et ancré dans la réalité.

Faites en sorte de casser parfois la routine en vous créant des moments bien à vous, afin de vous replonger dans l'insouciance de vos débuts amoureux. Cela peut passer par un week-end au lit mais aussi par des moments pendant lesquels vous prendrez le temps de parler de vous, de vos souvenirs et de vos projets. Créez des « instants-bulles d'intimité » qui n'appartiendront qu'à vous.

VOUS LE SAUREZ
POUR LA PROCHAINE FOIS...

Vous en rêviez. Vous l'avez fait (le bébé !). Vous êtes passés du statut de couple à celui de famille. Bonheur incomparable qui apporte dans son maxi-cosy son lot de contraintes et la nécessité de trouver un nouvel équilibre. Ben ouais, votre amour, l'air de rien, perd son objet exclusif qui était votre partenaire. De deux, on est passé à trois.

Petit inventaire de ce qu'il faut faire pour ne pas péter les plombs tout de suite...

1. Ne sous-estimez pas le fait que le papa sera autant chamboulé que vous par cette naissance. Même si les nuits sont courtes et que vous êtes tous les deux au bout du rouleau, parlez-vous. Parlez de vos joies mais aussi de vos angoisses, de vos doutes, de vos trouilles. Vous n'êtes pas l'un contre l'autre avec votre bébé au milieu, mais bien l'un avec l'autre dans cette merveilleuse aventure parentale. Savoir être père et mère ce n'est pas que nourrir, changer et dorloter son enfant. Un père et une mère le deviennent lorsque, dans leur tête et dans leur cœur, ils sont ensemble unis face aux épreuves, aux questions de la vie et qu'ils parviennent, tant bien que mal, à y répondre. Pensées et réflexions à deux, chagrins et pleurs épongés sur l'épaule de l'autre constituent aussi le ciment de la parentalité.

2. Reprenez aussi rapidement que possible votre vie de couple (et non, on ne parle pas que du sexe !). Restau, ciné, week-end : laissez bébé aux grands-parents, aux

copains pour vous échapper à deux. Un enfant a besoin de sentir, de voir ses parents être un couple heureux. De plus, c'est parce qu'il sait que ces derniers sont souvent présents mais quelquefois absents qu'il peut apprécier la valeur de ce qu'ils représentent à ses yeux. C'est donc tout bénef, pour lui et pour vous !

3. Démultipliez votre amour et votre attention envers votre chéri pour le rassurer et ne laissez pas votre couple en mal d'amour. Il y a en plus un deuxième effet Kiss Cool : en amplifiant vos gestes d'affection envers lui, son amour pour vous va, en retour, se décupler ! Mais, soyez vigilante et veillez à ce que la réciprocité soit bien là, au risque de l'entendre un jour vous appeler « maman ». Et ce jour-là, vous aurez ma bénédiction pour lui faire un *kakari geiko* (si vous ne savez pas ce que c'est, demandez à Teddy Riner, il vous expliquera). Puis expulsion du tatami. Le jeu est fini. *Sayonara* !

7:30
TOUT EST TRÈS CALME CE MATIN

Chéri semble cependant avoir une nouvelle obsession : il se met au régime (merci Joséphine !) et ne parle que de Dukan. Adieu les toasts avec le pain de la veille grillé ; il va falloir lui trouver de quoi le nourrir sainement. À nous les graines à gogo ! Planté devant le miroir du couloir, son mug de café dans une main, il se passe l'autre dans les cheveux et se colle presque le nez sur la surface pour scruter son cuir chevelu. Ah non, pitié, pas les cheveux ! Il voit que je vois et il comprend que j'ai compris. Pas le temps d'aborder le sujet ce matin, mais je sens que ça va être un vrai sujet, ça, les cheveux. Mais enfin, pourquoi, POURQUOI les hommes ont-ils une obsession de la chevelure foisonnante ? Ça ne laisse rien présager de bon tout ça… L'équation régime + cheveux = grosses emmerdes en vue.

8:30
VOITURE DROIT DEVANT

Je l'adore, ma p'tite auto. C'est un miniboudoir sur roues ; j'y ai mis du sent-bon-ki-sent-bon, une trousse de maquillage, des brosses à cheveux, des CD que j'adore, des bonbecs pour me faire du bien… J'y passerai ma journée si je pouvais.

J'appelle ma BFF Charlotte. C'est cool de l'entendre ! Comment est-ce possible de se sentir si proche de quelqu'un qui ne fait pas partie de ma famille ? La discussion démarre comme si nous avions toujours 15 ans. C'est précieux, cette intimité. On se dit tout, on ne se juge pas, on exprime toujours ce que l'on pense et on ne rêve que d'une chose : vieillir ensemble quand nos mecs ne seront plus là – quelles qu'en soient les causes, naturelles ou surnaturelles…

La vie de Charlotte ne ressemble vraiment pas à la mienne : elle ne travaille pas dans un bureau et a décidé de ne pas avoir d'enfants. C'est une artiste. Elle peint. Elle peut se le permettre, ses parents l'ont mise à l'abri. C'est assez chouette ce qu'elle fait, elle vend des toiles régulièrement, ce qui lui permet d'acheter ses clopes. Elle a dans sa vie des hommes qui se succèdent et la rendent chacun à leur tour heureuse et épanouie. L'histoire s'arrête lorsque l'un des deux ne ressent plus de fusion amoureuse passionnelle. Quand la décision ne vient pas d'elle, nous passons des soirées sur son canapé à refaire le monde tout en se mouchant bruyamment. Et puis ça passe, et d'autres joies viennent gommer le malotru.

Je lui déballe tout d'un bloc : ma fille, mon boss, Détroit, JM et mon rêve, les cheveux et le régime de Ben... Elle se marre, elle trouve ma vie tellement... En fait, je ne sais pas trop comment elle trouve ma vie. Elle m'aime moi. Ma vie, je ne pense pas qu'elle la trouve à ce point passionnante.

Les feux rouges se succèdent, me permettant de me rendre à peu près présentable... tout en papotant avec Charlotte. Si un flic passe par là, je suis bonne pour une amende salée ! Tant pis, c'est pour la bonne cause !

Charlotte me parle de sa nouvelle conquête, un mec super jeune qui aime ses tableaux et qui a l'air d'être aimanté par sa soif de liberté. À mon tour de rire : je ne serais pas plus dépaysée si un Pygmée me racontait sa journée !

Pas de bouchons ce matin, j'arrive trop vite au bureau. C'est toujours trop ou pas assez vite, jamais le bon timing. Le temps de trouver une place pour ma Titine et je vais devoir m'extirper de ma bulle.

Fin de la récré.

9:02
DANS LE HALL, JE ME COGNE SUR ALEXANDRA

Elle a une mine de papier mâché. Elle me raconte que son futur-ex l'a appelée hier soir, tard, qu'il lui a dit que non seulement il ne reviendrait pas, mais qu'il avait besoin de temps pour lui. Traduction : démerde-toi avec les gosses, je te ferai signe quand mon planning me le permettra.

Elle ne comprend rien. Elle ne comprend pas pourquoi ce si bon papa devient un monstre d'égoïsme d'un seul coup d'un seul. Elle n'a rien vu venir, culpabilise de n'avoir rien anticipé, elle s'en veut, ça doit sûrement être de sa faute. Dans sa tête, c'est un vrai champ de bataille.

Je lui promets qu'elle va s'en sortir, que si, si, on s'en sort toujours, qu'il faut bien sûr qu'elle pense aux enfants mais qu'elle ne s'oublie pas dans l'histoire. Elle s'accroche à mes paroles comme une moule à son rocher.

Je dois la laisser. Je la prends dans mes bras. Son blues est contagieux. À trop écouter les peines des autres mon « réservoir » se remplit. Faudra que je trouve une solution pour le vider.

9:15
BONJOUR MON P'TIT BUREAU !

Ben oui, je lui parle à mon bureau. Je dois être un peu dingue de parler comme ça à ma voiture, à mon bureau, à mon lit, à tous ces endroits dans lesquels je passe du temps. Quand j'étais petite je faisais déjà ça, parler aux objets. Marc, mon frère que j'adore, se moquait copieusement de moi et mon père me regardait comme si j'avais une case en moins. Ils trouvaient ça bizarre. Moi, j'ai toujours trouvé ça cool d'inventer des histoires avec les lieux et les objets qui m'entouraient et d'en faire mes complices. Bref, bonjour petit bureau ! Est-ce que tu as passé une bonne nuit ? Est-ce que tu es content de me voir ? Prêt pour une nouvelle journée en ma compagnie ?

J'écoute ma messagerie. Bruno veut me voir toute affaire cessante. Il n'a pas l'air de bon poil. Peut-être qu'il a des problèmes capillaires lui aussi ?

Je fais un crochet par les toilettes (il a raison, je ne suis qu'une pisseuse) et je fonce, Alphonse.

C'EST LE PSY QUI LE DIT...

Vous aussi vous avez remarqué ? Dès qu'une fille est plus de vingt-quatre heures quelque part, il faut qu'elle y mette sa « patte ». Une photo par-ci, un sent-bon par-là, une plante verte à gauche, trois bougies à droite. Bref, les femmes laissent leur trace là où elles passent. Ça, c'est parce qu'elles ont un intérieur et un extérieur. Voilàààà, ça c'est dit. Mais encore ?

Ce qu'il faut entendre par là, c'est que dès qu'elles sont pubères, les jeunes filles apprennent à se penser telle que leur corps les y invite, c'est-à-dire à l'intérieur – avec les changements hormonaux et physiologiques dus aux menstruations – et à l'extérieur : elles commencent à sortir, parlent, s'expriment, séduisent. Et si on veut parler anatomie : sur le plan génital, elles ont un intérieur, le vagin, et des extérieurs, les seins. Les hommes, eux, « sont » et se vivent « extérieur ». Là, pas besoin de précisions anatomiques ni de faire un dessin.

Cette capacité qu'à la femme d'avoir un intérieur, intime, caché, secret, l'amène à pouvoir se représenter dans des lieux qui lui sont propres, intimes, cachés et secrets. Une voiture, un bureau ne seront pas des lieux anonymes. Personnalisés, habillés à son image, ils ne seront plus uniquement fonctionnels, mais une continuation d'elle-même. Un peu à l'image de son sac à main...

9:32
DANS LA CAGE AU LION

Concentré de *bad mood*. Je suis d'humeur joyeuse et c'est décidé, je ne vais pas me laisser impressionner par l'humeur désastreuse de Bruno. Je pense à Charlotte et à sa vie légère comme une plume en essayant de me concentrer sur ce qu'il me dit. Les infos me montent au cerveau. Effet immédiat. Redescente rapide.

En gros, il me demande d'aider le *boys' band* à préparer son voyage à Détroit. C'est-à-dire de faire le boulot qui permettra à Dupont et Dupond de faire leur sketch et de briller devant le client. En bref, ils vont chasser le mammouth pendant que moi j'alimente le feu. J'essaie de comprendre.

Je ne comprends pas. Il n'y a d'explication rationnelle à aucune de ces assertions : je n'ai pas de place de parking ; mon salaire est 20 % inférieur à ceux de Laurel et/ou Hardy ; je suis obligée de mettre des talons pour aller bosser ET de supporter des vannes graveleuses ; je reste dans l'ombre pendant qu'ils brillent de mille feux. Et M-E-R-D-E !

11:15
EN RV AVEC LE NOUVEAU DRH DE LA BOÎTE

Plutôt de bon augure comme stratégie : arrivé la semaine dernière, il reçoit chaque employé de la boîte individuellement. On va en avoir des choses à se dire tous les deux, je le sens... Il a l'air plus intimidé que moi. Ni beau ni moche (le fils de Vincent Cassel et Léa Seydoux, voyez ?), je le trouve plutôt agréable à regarder et à écouter. Il s'appelle Marc. Comme mon frère. Un bon point pour lui. Je remarque sur son bureau une photo de lui avec deux petites filles qui le regardent avec des yeux d'amour. Sympa. Je me surprends à regarder ses mains : pas d'alliance. Non mais qu'est ce qui me prend de vérifier ça ? ! ? ! ? Je ne suis pas bien ou quoi ! ?

Il me propose un déjeuner dans la semaine. Oui, OK, jeudi c'est parfait, non je ne travaille pas le mercredi, enfin, je ne travaille pas au bureau plus exactement, je me délocalise, je suis en télétravail le matin et l'après-midi, je fais UBER-chauffeur pour les Nains.

Ce Marc me plaît bien, il a eu l'air concerné par ce que je lui racontais.

12:40
DÉJ SHOPPING

Je passe rapido m'acheter une salade chez le boulanger en bas du bureau. Aujourd'hui, c'est shopping ! Une heure montre en main pour tout faire (enfin, je vais peut-être grappiller un peu quand même).

Je rentre dans une boutique que j'aime bien, la fourchette dans une main, les carottes râpées dans l'autre. Le vendeur me regarde de travers et me talonne de près. Il me saute dessus en beuglant quand je frôle une écharpe soi-disant en cachemire. Il me stresse ce type à m'accuser d'utiliser son écharpe comme serviette de table. Je lui réponds, écarlate, que je me suis déjà essuyé les mains sur mon pantalon et que son bout de tissu *made in China* ne risque rien. Il me sermonne comme si j'avais huit ans. Je quitte la boutique fissa avec le cœur qui bat la chamade sans avoir pu lui rabattre le caquet.

13:10
J'AI UN GOÛT DE CHIOTTES

Après avoir fini ma salade sur un banc (en mode les deux vieux du Muppet Show qui matent les voisins), je me lance à l'assaut d'un nouveau magasin. Et là, c'est la cata ! Il semblerait que j'ai un goût de chiottes...

C'est ce que me fait comprendre la vendeuse qui me suit comme mon ombre. OK, elle ne me le dit pas comme ça, mais c'est tout comme. La mode cette année ne correspond pas, mais alors pas du tout à ce qui me va ni à ce que j'aime. *Boyfriend, Slim, Flare, Skinny*... je surnage dans un océan de terminologies *made in USA* (remarque, ça pourrait me préparer pour Détroit !). Dommage qu'aucune copine ne soit là pour me conseiller. Je ne sais plus s'il vaut mieux être *has been* mais confort ou suivre la tendance du moment mais pas à l'aise. Je repars avec un petit pull bleu marine que j'ai déjà en triple exemplaire. Je me dis que j'ai dû rater quelque chose...

14:00
FAUT Y RETOURNER

Je me retrouve dans l'ascenseur avec Marc. J'en viens à regretter que mon bureau ne soit qu'au troisième étage. On regarde chacun nos pieds avec une gêne que je ne m'explique pas. Pourvu que je n'aie pas un morceau de salade coincé entre les dents... On se sépare en se confirmant notre déjeuner de jeudi. Je mettrai une robe, jeudi, ça sera plus joli.

14:15
MON RV DE 14:30 SERA EN RETARD

Sympa, j'ai reçu le mail à 14:00... Je fais passer des entretiens pour remplacer l'assistante que je partage avec Dumb & Dumber, partie en congé maternité anticipé il y a quinze jours. Et bien sûr, Bruno m'a demandé de m'occuper du recrutement. « Entre femmes, on se comprend mieux. » L'argument sexiste à deux balles.

Bon, j'ai une demi-heure devant moi, juste le temps pour faire les courses sur Internet. Le site est déjà dans mes favoris...

Ça brouille la vue toutes ces offres, tous ces produits, bio, pas bio, promo, superpromo, produits exclusifs, produits de la semaine, produits de régime (Ben va être content, j'ai pensé à lui). Je vais à l'essentiel, j'ai quinze minutes, pas une de plus si je veux être livrée ce soir. Dernier clic de confirmation fait, « Votre rendez-vous est arrivé » m'annonce la réception. Je vais le chercher en bas, hyper fière d'avoir optimisé ce contretemps. Je suis la reine de l'organisation !

15:00
PETITE NANA MIGNONNE RECHERCHE CDI

Elle doit avoir entre 25 et 30 ans. Je regarde son CV, j'ai vu juste, 27 ans. Je re-regarde son CV. Et j'hallucine. Bac avec mention à 17 ans, licence d'éco-gestion dont une année en Erasmus à Stockholm, master 1, master 2, bilingue anglais et espagnol. Mais enfin, qu'est-ce qu'elle fait là ? J'en suis gênée, elle est limite plus diplômée que moi. Je comprends pourquoi les RH me l'ont mise dans les pattes en m'expliquant qu'elle pourrait potentiellement faire l'affaire. Je lui explique la boîte, le poste, l'équipe, essayant de la façon la plus positive de lui faire comprendre qu'elle est surqualifiée.

Alors Pauline (elle s'appelle Pauline) m'explique. Malgré de brillantes études, elle n'a trouvé que des stages, CDD et autres remplacements, qu'elle a fini par accepter pour payer la coloc qu'elle partage avec des copines de fac. Son objectif aujourd'hui : rentrer dans une boîte solide, quitte à ce que ce soit par la petite porte, en espérant qu'une fois dans la place, elle fera son chemin. Ben ma cocotte, il va falloir que tu boives la potion d'Alice au Pays des Merveilles pour retrouver ta taille, parce qu'une fois qu'on a rétréci pour passer par la petite porte...

En fait elle me plaît bien, la nénette. Je la rassure : je vais appuyer son dossier. J'espère qu'elle ne déchantera pas. Mais j'ai envie de l'aider.

16:00
BATTRE LE FER TANT QU'IL EST CHAUD

J'envoie un mail récapitulatif à Bruno (Placid et Muzo sont en copie), avec son CV en pièce jointe, expliquant tout l'intérêt que son arrivée pourrait avoir pour notre petite équipe. Je conclus en disant attendre leur GO pour la rappeler et lui confirmer son embauche.

Exactement cinq minutes plus tard, mon duo de comiques préférés déboule comme deux furies. Le profil de Pauline leur semble surdimensionné, elle ne pourra pas se contenter du périmètre du poste, elle va bouleverser l'organisation en place. Les esprits s'échauffent, le ton monte, ils sont devant moi, debout, et je me sens sur le banc des accusés. Et puis, je finis par comprendre : en fait, ils ont la trouille. La trouille que la jeune femme leur pique leur boulot ! Je tente d'argumenter que, non pas du tout, ça n'a pas l'air d'être le genre

de la nana et que, au pire si on pouvait tous être un peu challengés, ça ne ferait pas de mal. Rien à faire. Ils campent sur leur position. Bon, ben Bruno tranchera. Bruno et Marc, le nouveau DRH, qui a son mot à dire. Voilà ce qu'il faut que je fasse : une note à Marc. Je suis certaine qu'il comprendra mes arguments.

16:30
QUAND ON PARLE DU LOUP...

Marc passe une tête dans mon bureau et me demande si j'ai un moment pour que l'on parle de cette nouvelle embauche. Je crois que personne ne m'a encore jamais demandé l'autorisation de venir s'asseoir à mon bureau. Je lui explique tous les avantages à considérer l'intégration de Pauline dans notre équipe. Il comprend, il me comprend, il partage mon sentiment. Il va faire le nécessaire pour qu'elle vienne nous seconder rapidement. Oui, à jeudi midi Marc, à jeudi.
Je suis comme une gamine de 16 ans qui attend son prochain rancard ! Il faut que je me ressaisisse !

16:45
JE RALLUME MON PORTABLE

Il était resté éteint depuis mon retour de déjeuner. Je croise les doigts (ceux des mains et ceux des pieds) pour ne pas avoir de message. Bingo !

« Salut, c'est ton père. » Blanc. Au ton de sa voix, je devine que j'ai fait un truc pas bien. Retour rapide sur les dernières semaines. Pas besoin d'aller chercher trop loin, la dernière fois que je l'ai appelé doit remonter à deux mois. Au bas mot.

Voilà c'est ça. J'écoute déferler son torrent de reproches jusqu'au bout. Ce qu'il ne comprend pas, mon père, bien que je le lui aie expliqué à moult reprises, c'est que m'engueuler par messagerie interposée ne me donne pas du tout, mais alors pas du tout, envie de le rappeler. On va donc, une nouvelle fois, rentrer dans un cercle vicieux qui ne se rompra qu'après un bras de fer moral épuisant et stérile. N'empêche, je n'aime pas être acculée et qu'on me reproche mon attitude… surtout si j'ai raison !

Quand il était encore marié avec maman, c'est-à-dire jusqu'à leurs 55 ans, elle faisait le tampon, se plaçait entre nous, arrondissait les angles, mettait des mots sur nos maux relationnels. Je comprends aujourd'hui à quel point cela peut écorcher, de jouer ce rôle. Mais c'était ça son boulot : mettre de l'huile dans les rouages des relations familiales, panser les plaies inconscientes, jouer les punching-balls pour tous ceux qui en avaient besoin. Tout ça pour que nous, les enfants, quittions le nid comme il se doit et que lui, ce père tellement charismatique et travailleur, la plante comme une grosse merde à l'âge où les femmes perdent l'illusion de leur jeunesse et de leur avenir.

J'efface le message.

C'EST LE PSY QUI LE DIT…

« Je ne veux rien avoir à me reprocher ». Combien de fois l'avez-vous pensé ça, au fond de vous, sans même l'exprimer clairement ? Être irréprochable, c'est donc de cela qu'il s'agit. Et pourquoi donc ? Irréprochable par rapport à qui ? Aux autres ?

Lorsque vous étiez enfant, disons autour de 8 ou 9 ans, la fillette que vous étiez mettait toute son énergie à se montrer sous son meilleur jour dans un seul but : ne pas perdre l'affection de ses parents et de son entourage. La page d'exercice était irréprochable, pas une faute, écriture parfaite. Vous couriez la montrer à vos parents pour les entendre vous féliciter. Combien de fois avez-vous joué à la nounou avec votre petit frère pour les laisser faire la sieste ? Et avec vos copines, rappelez-vous. Toutes les filles de la classe étaient vos meilleures amies, disiez-vous. Les mères de vos camarades disaient de vous que vous étiez « a-do-ra-ble. Si seulement ma fille était comme elle. Elle peut revenir quand elle veut ! » Et vous buviez du petit-lait. Cette attitude de fillette toute sage et gentille, ça marque au fer rouge, ça vous donnait une identité, ça vous comblait même.

Et bien aujourd'hui, c'est pareil ! Vous mettez tout en œuvre pour ne pas perdre l'affection de votre jules, de vos enfants, de vos amis. Il est probable que l'époque de vos 8 ans n'a pas été bien digérée et que vous n'avez pas complètement mis de côté ce désir de vous montrer parfaite. Si vous n'avez pas fait de crise d'adolescence – c'est-à-dire une vraie de vraie, pas celle pour faire comme les copines, mais celle qui coupe le cordon et qui va jusqu'au bout de la désidéalisation –, il vous est plus difficile d'exister par et pour vous-même.

Tout mettre en œuvre pour ne jamais perdre l'affection de vos proches vous permet de vous projeter dans le rôle d'un personnage omnipotent. Vous pensez qu'il faut que vous soyez parfaite dans votre rôle d'épouse et de mère ? Pas étonnant que le compagnon que vous avez choisi ne fasse qu'alimenter cette quête. Rien n'est dû au hasard. En être consciente vous permettra de vous remettre en question et de changer. Oui, vous avez le droit de ne pas être parfaite, oui, vous avez le droit de dire ce que vous pensez, au risque de déplaire. Il est temps de vous affirmer !

En un mot, la remise en question est nécessaire et urgente. Osez en parler avec votre conjoint, avec vos parents sans leur jeter la pierre, avouez-vous quelque peu maso et décidez d'opérer un changement en douceur. Attention, jamais de virage à 180° ! Ça fait exploser les familles les changements de cap brutaux... Allez-y petit à petit, lentement mais sûrement. Vous avez mis tellement d'années à vous forger cette carapace de Mère Teresa, n'allez surtout pas tout faire valdinguer.

17:20
MAIL DE L'ASSISTANTE DE BEN

Son boss (mon époux) me demande de « prendre rendez-vous avec le garagiste pour régler cette histoire de clim ». J'hésite à répondre que l'assistante c'est elle, et de transmettre à l'intéressé, mais je m'abstiens. Pas envie de passer une soirée de merde. Alors je m'exécute. C'est le bon mot : je m'exécute.

À FAIRE SANS FAUTE !

Laissez-vous le temps avant de répondre aux reproches. Ne réagissez pas dans l'urgence, et sous le coup de l'émotion, et quand vous le faites, modérez vos réponses et restez humble (humble ≠ carpette !).
Appelez une amie proche qui connaît votre passé, vos relations, afin qu'elle vous aide à remettre en perspective objectivement l'événement qui vous heurte.
Ne vous montrez en aucun cas agressive. Quoi que vous décidiez de faire ou d'apporter comme réponse, cela doit être fait dans le calme, la conscience et l'intelligence.
Rappelez-vous, encore et encore, que vous n'êtes pas parfaite, que vos 8 ans sont bien derrière vous et que vous n'êtes plus la petite fille qui veut plaire à tout prix, que vos sentiments, aujourd'hui, sont aussi légitimes que ceux des autres.
N'ayez pas peur de perdre l'affection de vos proches : un désaccord ou une dispute ne doivent pas vous faire autant vaciller dans le regard que vous portez sur vous et encore moins dans l'assurance que vos proches vous aiment telle que vous êtes, avec vos forces et vos faiblesses.

Double sens, j'en suis bien consciente. Je prends le rendez-vous avec le garagiste pour mercredi prochain entre le karaté et les claquettes.

17:45
RV À LA MÉDECINE DU TRAVAIL

Je me retrouve en culotte-soutif devant une blouse blanche. Non docteur, pas d'opération depuis l'an dernier, RAS, je peux circuler, y'a vraiment rien à voir. Ah, vous voulez que je me pèse ? Ça vous intéresse de connaître mon poids ? Moi pas trop, mais si vous y tenez... Je monte sur la balance en regardant le plafond, je préfère que la sentence soit prononcée par la blouse blanche. Et la sentence tombe. 4 kilos en un an. C'est pas bien, il faudrait que je fasse attention si je veux éviter les problèmes de santé à la ménopause. Non mais... Je t'en foutrais de la ménopause ! Ils n'ont pas de formation psy en médecine ? Quatre kilos de plus n'étant pas une entrave au travail, je repars avec mon tampon « apte au travail »... et un poil d'agacement.

18:45
ACCUEILLIE PAR DES ÉCLATS DE RIRE

Une fois n'est pas coutume. Les enfants sont dans la cuisine et contemplent, hilares, la livraison des courses faites sur Internet cet après-midi. Je n'imaginais pas que ça puisse les mettre en joie à ce point de voir des boîtes de conserve et des canettes de soda.

Je comprends vite deux choses : la raison de leur fou rire et celle du montant ridiculement bas de la facture. Manifestement, j'ai manqué de concentration, et j'ai fait des courses pour la maison des sept nains. Je n'ai pas fait gaffe aux cl, grammes et autres mesures qui auraient pu m'indiquer que je me plantais et que je commandais tout en taille lilliputien. J'ai voulu gagner du temps, éviter de pousser le Caddie demain après-midi entre le cours de danse et le rendez-vous chez le dentiste. Tout faux. Non seulement mes deux-Nains-et-pas-un-de-plus me prennent clairement pour une idiote, mais je ne suis pas loin de penser comme eux. À force de vouloir tout faire, on se plante.

19:15
APPEL DU BUREAU SUR MON PORTABLE

C'est Bruno-les-bons-tuyaux. Il me cherche partout depuis une heure. Je lui rappelle la visite médicale (en faisant abstraction de ma surcharge pondérale) et m'étonne de son appel. Notre assistante vient d'accoucher. Avec 5 semaines d'avance. Mais le bébé et la maman vont bien. C'est une petite fille. Bienvenue poulette ! Je te souhaite tout le bonheur du monde, pour aujourd'hui et pour demain, puisque l'avenir t'appartient, puisqu'on ne contrôle pas ton destiiiiiiin... Mais je m'égare ! Pas étonnant qu'elle ait accouché avant terme, 2 heures de transport en commun par jour, ça détendrait le col des utérus les plus costauds.

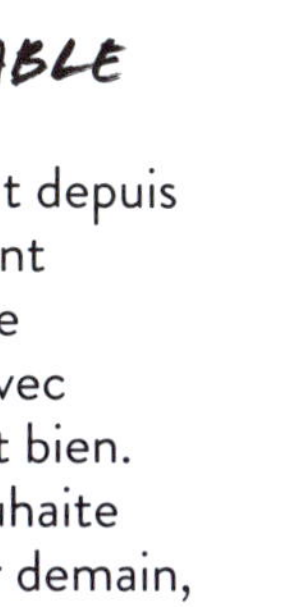

Bruno me demande de m'occuper d'acheter le cadeau de naissance. M'aurait étonné aussi qu'il m'appelle juste pour me donner la nouvelle...

J'en profite pour parler à Bruno de Pauline, il botte en touche : Marc a tranché, l'embauche est en cours. Super ! Je n'aurai pas tout planté aujourd'hui ! Bonsoir Bruno, non Bruno, pas à demain, à jeudi car, comme toutes les semaines depuis que je travaille pour vous, Bruno, soit 235 semaines, le mercredi, je reste/bosse à/de la maison.

19:30
QU'EST-CE QU'ON MANGE CE SOIR ?

Bonne question. Entre la faim de loup des Nains et le nouveau régime de Benoît, va falloir faire le grand écart. Je préfère ne pas faire entrer le paramètre de ce qui me ferait plaisir dans l'équation, ça deviendra vraiment trop compliqué.

19:45
PAPA OURS RENTRE À LA MAISON

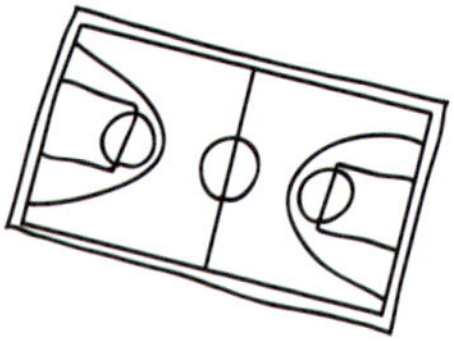

Très joyeux lui aussi (les Nains auraient-ils vendu la mèche pour la livraison XXS ?). Mais non. Un de ses collègues lui a proposé d'aller voir le match dans un bar. Juste le temps de se changer et hop ! Il a disparu. Merci de m'avoir prévenue. Cela dit, ça va simplifier l'équation susmentionnée : dîner dans la cuisine en mode « choisissez ce que vous voulez dans le frigo, c'est chacun pour soi ». La formule parfaite.

20:30

J'APPELLE MAMAN

Je passe sous silence le message de Papa : elle ne s'est toujours pas remise de leur séparation après 35 ans de vie commune. Alors je la protège et je ne lui dis rien. Je raccroche en lui promettant de la rappeler demain.

20:40
J'APPELLE JULIETTE

Je n'ai pas de nouvelle du *burn-out* de son mari depuis hier. Ce n'est pas vraiment la bonne heure pour l'appeler, mais c'est ça ou rien. Tout va très bien, oui oui oui, tout le monde est de bonne humeur, aucun problème, tout roule. Je lui demande en murmurant si son cher et tendre est dans les parages, ce qu'elle me confirme. Fin de la discussion, inutile d'échanger des banalités.

21:20
DODO, BOUQUIN, ENFIN SEULE

Finalement, ce n'est pas si mal quand Benoît n'est pas là. Je m'en veux d'avoir cette pensée, mais tant pis, je l'ai eue...

TEST

QUELLE PLACE PREND VOTRE MOI PROFOND DANS VOTRE QUOTIDIEN ?

1. Votre meilleure amie vous reproche d'être trop égoïste.

■ N'importe quoi ! Et d'abord, elle fait quoi pour vous, elle ?

▲ Cela vous fend le cœur et vous lui faites livrer des fleurs pour lui prouver le contraire.

● Vous réfléchissez à ce qui a bien pu provoquer une telle sentence.

---

2. Votre compagnon a décidé de passer les prochaines vacances en Islande alors que vous ne jurez que par le soleil et la chaleur.

● Il est tellement insistant que vous devez vous faire une fausse idée de l'Irlande.

■ Vous lui dites qu'il peut partir, mais sans vous.

▲ Vous ne dites rien, le principal est d'être ensemble.

3. Votre amoureux arrive avec plus d'une heure de retard au rendez-vous fixé.

▲ Vous lui mentez en lui disant que vous venez juste d'arriver.

■ Vous attendez qu'il s'assoie et quittez la table illico en lui disant que l'on ne vous fait pas poireauter comme ça et qu'au passage il peut régler les consommations prises en l'attendant.

● Vous lui en faites la remarque mais passez rapidement à autre chose, ça arrive à tout le monde d'être en retard.

4. Vous venez de vous faire larguer comme une vieille chaussette.

■ Vous n'aimeriez pas être à sa place le jour où il se rendra compte de la pépite qu'il vient de lâcher.

● Vous vous posez quelques semaines pour faire le point sur qui vous êtes vraiment, au fond de vous, et sur votre comportement. Une histoire d'amour se construit et se défait à deux.

▲ C'est de votre faute, vous n'aviez qu'à moins saler les plats/faire plus de sport/être moins bavarde/être plus drôle...

---

5. Votre coiffeur tient absolument à vous faire une coupe à la garçonne.

● Vous coupez la poire en deux et tentez le mi-long.

▲ Oui, pourquoi pas, vous n'êtes pas certaine d'en avoir envie mais il est tellement insistant.

■ Pas question, qu'il trouve un autre cobaye, vous ne jurez que par les cheveux longs.

6. Vous faites une partie de UNO avec une bande de copains. L'un d'entre eux triche comme un cochon.

■ Vous êtes hors de vous et le dénoncez aux autres en l'excluant de la partie. Pour qui il se prend ?

▲ Vous ne dites rien, ça a l'air de lui faire tellement plaisir !

● Vous trichez aussi. Un point partout, balle au centre.

RÉSULTATS

Vous obtenez une majorité de ■

VOUS ÊTES UNE KILLEUSE

Et d'abord, c'est quoi un moi profond ? Vous, vous êtes juste vous-même. Rien à cacher, rien à enfouir, rien à battre ! C'est toujours vous la prem's, la plus importante, la mieux placée. Les autres c'est du pipi de chat et ils ne vous arrivent même pas à la cheville. Continuez comme ça, vous serez bientôt le pendant féminin de Kanye West.

Vous obtenez une majorité de ▲

VOUS ÊTES UNE MOULE

Bien accrochée à son rocher (votre mari, vos amis, vos parents), vous aimez sentir les embruns et vous faire malmener par les vagues… Que dire de plus ? Rien, si ce n'est que si vous continuez comme ça, vous finirez avec vos copines cuites « à la marinière », en compagnie d'une assiette de frites.

Vous obtenez une majorité de ●

VOUS ÊTES AUX 35 HEURES

Vous ne jurez que par les lois Aubry 1 et 2 et rentrez bien sagement chez vous dès que votre temps de travail est fini. Quoi, faire des heures sup ? Pas question ! Votre moi profond part à 18:00 (17:00 le vendredi) et vous vous félicitez de ne pas le solliciter à plein-temps. Vous allez penser à passer en 3/5e, c'est votre boss qui va être content.

MERCREDI

7:30
LE MERCREDI, C'EST GRASSE MAT !

C'est surtout le jour de la semaine où je me paie le luxe de prendre mon petit déj seule, soit dans ma cuisine soit où bon me semble. Dommage que je ne prenne jamais de bain, ça pourrait être carrément jouissif de tremper mes tartines dedans. Si je me laissais tenter, je ferais ma diva à la Mariah Carey et j'obligerais les Nains à faire griller mes tartines et Ben à m'apporter le ptit déj au lit avant de partir. Mais non, je ne suis pas décomplexée à ce point....

Le mercredi matin est le seul matin des sept jours de la semaine où je prends un vrai petit déjeuner yaourt, fruit, tartine avec beurre salé et miel, et une pleine théière de thé vert. Très «petit déj-sain-préconisé-par-ELLE-pour-raffermir-votre-silhouette» ce repas, je suis assez fière de moi. En plus, je peux en boire autant que je veux du thé le mercredi matin, aucun risque que ma vessie n'explose en chemin vers le bureau.

8:30
PAS UN BRUIT DANS LA MAISON

Je peux enfin prendre une douche dans le calme et la sérénité. Ils sont tous partis « bosser » en me faisant chacun systématiquement remarquer que « quand même, t'en as de la chance de ne pas bosser le mercredi ». Hop hop hop ! Rectificatif les gars, je bosse « partiellement » le mercredi. De la maison certes, mais je bosse quand même. Quand j'ai pris ce job, on m'a spontanément proposé cette organisation de 4,5/5e et encouragée à l'accepter « pour mon bien-être et celui de ma famille ». C'est bizarre, mais je n'ai pas l'impression qu'un de mes collègues mâles se soit vu proposer une baisse de salaire en échange de l'opportunité de travailler en pyjama...

9:00
DEVANT L'ORDI

En bon petit soldat que je suis, j'allume mon ordi à 9:00 pétantes. Les cheveux en bataille et l'œil au naturel, mais ça personne ne le voit. Une magnifique plage horaire de quatre heures de boulot s'étale devant moi : à 13:00, je remballe mes tongs et mon parasol.

13:00
JOE LE TAXI, AU RAPPORT !

La tournée peut commencer et la valse des allers-retours se mettre en musique... Je devrais visser une casquette de chauffeur sur mon crâne, les choses seraient plus claires. En attendant, ce sera pizza pour tout le monde : c'est comme ça tous les mercredis midi. Les Nains le savent et semblent apprécier ce rituel qui sacrifie le *healthy* à la *junk-food*.

Pendant que la pizza – celle qui a « la pâte qui lève au four pour un moelleux 100 % réussi ! » – cuit, je refais (pour la 25e fois cette année) dans ma tête la *To-Do-list* de ce à quoi je ne pourrais définitivement pas échapper cet après-midi :

1. déposer en voiture Nain n° 2 à son cours de karaté ; faire les courses à côté du dojo si j'arrive à me garer (et ne surtout pas oublier d'acheter le goûter spécial Bruce Lee) ;

2. récupérer le Nain n° 2, le débarquer en bas de la maison où il doit se changer pour être opérationnel pour son cours de guitare (là, il y va tout seul à pied, avec des copains du quartier) ;

3. échanger Nain n° 2 contre Nain n° 1, que j'amène à son cours de claquettes (elle avait demandé *Pole dance* ou tir à l'arc, je voulais qu'elle fasse danse classique, on a trouvé un compromis...) ;

4. dans la foulée, ne pas oublier : d'acheter un cadeau de naissance pour le bébé de notre assistante, de passer au pressing chercher les chemises déposées mercredi dernier ; d'aller chez le coiffeur. Bah oui ! c'est sorti comme ça, d'un seul coup d'un seul... Mais là, j'ai vraiment envie de me poser une heure, de changer de tête, couper, alléger, colorer. J'ai envie de retrouver figure humaine, ou mieux : d'être belle ! Marre que ni Benoît ni personne d'autre n'aie l'air de voir que je suis capable d'être une jolie nénette. Donc, oui, coiffeur, c'est impératif. Et non, non, ça n'a rien à voir avec mon déj de jeudi (c'est bon de se mentir à soi-même !).

À FAIRE SANS FAUTE !

Hiérarchisez vos priorités du jour !
Une façon simple d'alléger la perception de votre quotidien : faites l'acquisition d'un petit carnet et chaque jour, tracez sur une page deux colonnes. La première : "à faire impérativement" ; la seconde : "à faire, éventuellement". À vous de les remplir en étant la plus lucide possible.
Rayez au fur et à mesure chacune des tâches accomplies.
Votre objectif ? Toutes les lignes de la colonne "à faire impérativement" doivent être barrées en fin de journée.
Vous verrez à quel point votre esprit sera plus libre et vos neurones mieux rangés !

5. s'il me reste un peu de temps : passer voir la Grande, dont je n'ai aucune nouvelle depuis lundi. C'est louche. Soit elle roucoule de nouveau pour de bon avec son jules, soit c'est la cata et elle est roulée en boule au fond de son lit.

Finalement, plutôt qu'une casquette de chauffeur, je devrais me procurer le diadème de Wonder Woman. Et son lasso aussi ! On ne sait jamais, ça pourrait servir. Pour le bustier et le short, j'attendrai Halloween...

13:45
PIZZA AVALÉE, BASKETS ENFILÉES

Je me jette la tête la première dans ce délicieux après-midi qu'ils sont si nombreux à m'envier au boulot... et que je leur laisserais occasionnellement bien volontiers ! Je ne compte plus les fois où je me suis retenue de mettre un bourre-pif (la violence, c'est mal...) au premier qui me cueille le jeudi matin avec un « t'as quand même une chance de diiiingue d'avoir une demi-journée par semaine pour prendre soin de toi ! ». Eh, les gars ! ces mercredis aprèm, c'est pas une sinécure. Je ne ressemble à rien, je ne pense à rien d'autre que le timing, l'odeur de fauves que les Nains laissent dans ma voiture chérie et les miettes de gâteaux sous le canapé.

15:30
OPÉRATION SAUVETAGE... RATÉE

Je suis en bas de l'immeuble où habite ma Grande. Elle ne répond ni au téléphone ni à l'interphone. Je lui laisse un message en lui disant que je m'inquiète pour elle et que j'aimerais bien qu'elle me donne des nouvelles autrement que quand elle se fait larguer par son mec ou que les fins de mois sont difficiles. Bon, ça me laisse le temps de passer acheter le cadeau pour la jeune maman, téléphoner chez le coiffeur. J'ai du bol, il y a un créneau libre dans une heure.

16:10
J'ADORE ACHETER DES VÊTEMENTS TAILLE POUPÉE

Ça me rappelle cette période bénie où les enfants sentaient bon dans le cou et n'avaient pas le vocabulaire pour me tenir tête. Cette période de ma vie où j'étais une « usine à bébé » est l'épicentre de ma nostalgie. Tout était possible, tout était en construction, tout roulait sur du velours.

Parmi les dizaines d'articles rose, bleu ou taupe, je repère une tenue mandarine. Et hop ! je l'embarque : on n'est plus au XXe siècle quand même, le pastel c'est pour les mamies : les bébés, il faut les sti-mu-ler avec des couleurs vives, du peps, la vie quoi ! Après tout, j'ai été missionnée pour m'occuper du cadeau, autant que ça me plaise.

16:30
PORTABLE EN MODE « AVION »

J'envoie quand même un texto aux enfants pour les prévenir que je suis chez le coiffeur et leur laisse le numéro, on ne sait jamais… Assise devant le miroir, je me regarde avec… stupéfaction ? dégoût ? inquiétude ? OK, on est mercredi, j'ai économisé sur le rimmel et la BB crème mais quand même…

Tony, le charmant propriétaire du salon *Ombres et lumihair*, a l'air de lire dans mes pensées et de les partager. Bon, action-réaction, on y va franco : on coupe, on coupe, on coupe ! Et on allège… Comme si chacun des coups de ciseaux m'enlevait un peu du poids que je sens sur mes épaules.

Une heure plus tard et 15 cm de cheveux en moins, le résultat est bluffant : j'ai l'impression d'avoir dix ans de moins ! Vive le carré-coiffé-décoiffé ! Pour un peu, je me sentirais comme une star de ciné foulant le tapis rouge du Palais des festivals ! Pas sûre que Benoît et les Nains me reconnaissent ce soir. Et ça devrait faire son petit effet au boulot demain. Ça tombe bien, finalement, ce déjeuner avec Marc.

C'EST LE PSY QUI LE DIT…

Se faire couper les cheveux devrait être remboursé par la Sécurité sociale, voilà, c'est dit !

Une étude (belge) a récemment montré que 84 % des femmes interrogées ont un meilleur moral et un regain d'énergie après un passage chez le coiffeur.

Ça ne vous étonne pas, bien sûr ! Quand vous avez un coup de blues, envie de vous aérer l'esprit (et le cuir chevelu) et même parfois, de changer de vie, hop, un petit tour chez le coiffeur et vous en ressortez transformée et boostée à mort.

Lorsqu'on pense que les cheveux d'une femme l'habillent autant que ses vêtements, ses bijoux, ses accessoires ou son maquillage, on devine combien cette pièce maîtresse peut aussi structurer votre personnalité. Cet affichage, vu par les autres, en dit long sur le message que vous voulez faire passer : cheveux très courts pour marquer la détermination dans le caractère ; boucles ondulantes si vous voulez mettre en avant la vamp qui dort en vous ; cheveux en pétard pour dire à qui veut le voir que vous vous fichez bien de l'apparence... Votre coiffure, sans dire un mot, parle et parle fort.

Aller chez le coiffeur, prendre soin de vous est en fait une réparation narcissique quand l'image que vous avez de vous est fragilisée. Le simple fait de rentrer dans une bulle de féminité dans laquelle vous êtes accueillie avec le sourire fait du bien. Alors si en plus on ajoute une attention toute particulière portée sur vos cheveux, symbole de la féminité, c'est à une vraie révolution que l'on assiste !

En changeant de tête, vous affirmez aux autres, comme à vous-même d'ailleurs, que vous n'êtes plus la même... à l'intérieur.

VOUS LE SAUREZ
POUR LA PROCHAINE FOIS...

1. Affirmez-vous en parlant du style de coupe que vous aimeriez avoir. Parlez de vos envies, avec photos qui vous plaisent à l'appui.

2. Profitez de cette pause dans votre emploi du temps surbooké pour échanger, parler, rire de choses futiles, avec quelqu'un qui a du temps pour vous écouter ! Rien de mieux pour se détendre.

3. Relaxez-vous grâce au massage de tête que vous ne manquerez pas d'avoir (vous savez, celui qui fait des guilis-tout-doux partout).

4. Acceptez tous les compliments que l'on vous fait, cela va renforcer votre estime de vous. Woody Allen, dont le premier job d'étudiant consistait à ouvrir la porte d'un salon d'esthétique, faire un café et aller chercher le vestiaire des clientes, disait aux femmes lorsqu'elles arrivaient : « Attention madame, il y a une marche, voulez-vous que je vous aide ? » Lorsqu'elles repartaient une heure après les soins, il leur disait avec un large sourire « Au revoir, mademoiselle »...

5. Assumez votre changement capillaire : en sortant du salon, vous marchez la tête haute et le regard assuré, fière de vous.

PS : essayez de choisir un coiffeur en qui vous avez confiance. Ce serait dommage de sortir avec la coupe d'un joueur de foot des années 1980 alors que vous rêviez de celle de Jennifer Aniston (qui règne encore sur l'univers capillaire des *people*, eh oui mesdames !)

18:30
C'EST PAS TOUT DE PRENDRE DU BON TEMPS !

Dernières courses pour le dîner. En manque d'inspiration. Et surtout, tellement marre que cette famille bouffe tout le temps. Je choisis l'option la plus simple : pâtes et jambon pour tout le monde ! Tant qu'à avoir un coup de jeune, autant le répercuter sur la bouffe et proposer un dîner « comme quand ils étaient petits ». Oui, pour Benoît aussi.

18:30
JE ME PRENDS UN VENT

Une fois n'est pas coutume, quand je rentre, tout le monde est dans le salon. Mais qu'est-ce qui leur arrive ? ! Dans la vraie vie, avant le dîner, c'est chacun pour soi devant son écran et moi derrière les fourneaux. Bon, on va mettre ça sur le compte d'un alignement de planètes favorable... Je me débarrasse des courses et, le cœur battant, un sourire aux lèvres, je me prépare à faire une entrée fracassante. Si trois têtes se tournent vers moi d'un mouvement quasi synchronisé, trois paires d'yeux me fixent avec un regard de poisson mort. Rien. Nada. Nichego. Niente. Je donne un indice muet en agitant la tête comme si j'étais l'égérie de la prochaine pub pour shampoing-ultra-doux-qui-redonne-du-tonus-aux-cheveux-abîmés (avec les reflets dorés du soleil de printemps en plus et l'effet volume de la brise parfumée par les fleurs des champs). Le bide. Le Nain n° 2 tente un « ben qu'est ce que t'as maman, t'as l'air contente ».

Je tourne les talons et file dans la cuisine en claquant la porte. Je contemple le paquet de coquillettes. Elles attendent sagement d'être plongées dans l'eau bouillante. Je collerais bien la tête de quelqu'un dans la casserole, d'ailleurs…

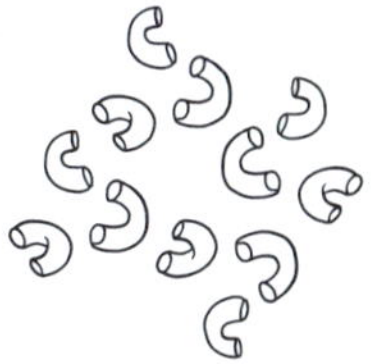

Et voilà. Ils sont tous derrière moi, désolés de n'avoir pas vu et « siiiii, c'est tellement bien, tellement mieux, tellement chouette, siiiii vraiment, incroyable même cette transformation ». Trop tard.

20:15
CE SOIR, C'EST SOUPE À LA GRIMACE

On passe à table. Je fais carrément la gueule. Je ne desserre pas les dents. Du coup ils sont tous dans leurs petits souliers. C'est marrant comme je donne le La dans cette famille. Tout le monde se met au diapason de mes humeurs. C'est moi qui fixe le tempo familial. Mais quand j'ai besoin qu'on me remonte le moral, y'a plus personne.

21:15
M'EN FOUS PAS MAL. ÇA M'EST ÉGAL

Je file dans ma chambre. Le dîner m'a semblé durer une éternité. C'était bien la peine de me faire un brushing pour foncer sous la couette. Je les laisse s'étouffer avec leurs pâtes, ils feront la vaisselle avec leurs regrets.

21:45
JE FAIS MES CALCULS

Et si je reprenais le boulot à temps plein ? Ce que je gagnerais en plus pourrait servir à payer une étudiante pour s'occuper des Nains le mercredi après-midi. Ça ne changerait rien à mon pouvoir d'achat, mais ça changerait tout. J'ai tellement fantasmé sur le fait de pouvoir partager plus de temps avec eux, d'être cool en dehors du week-end, de prendre cette respiration en milieu de semaine.

J'ai l'impression de ne jamais être à ma place, ni quand je suis au boulot, où je dois me tenir dispo pour eux quand ils en ont besoin, ni quand je ne suis pas au travail.

Et pourquoi j'ai toujours l'impression d'être la cinquième roue du carosse, après mon mari, après Bruno, après tous les mecs qui m'entourent en fait ? L'égalité hommes-femmes, je vote pour, mais pourquoi c'est si compliqué ?

C'EST LE PSY QUI LE DIT...

L'égalité homme-femme, on vote tous pour ! Mais si on inversait les données de l'équation, ça donnerait quoi ?

1. L'homme est l'égal de la femme ! Mettez-vous ça dans la tête, et n'inversez surtout pas l'ordre de ce point capital. Car, après tout, il a bien fallu une femme pour porter un bébé, un garçon, celui qui est devenu cet homme-là. La femme a donc existé avant l'homme et pas l'inverse.

2. Le gène du repassage n'apparaît pas dans l'ADN des femmes. Il n'existe pas. Les hommes l'ont longtemps cherché, ils auraient tôt fait d'en parler s'il l'avait trouvé. Donc, les hommes peuvent faire aussi bien que les femmes. Ils peuvent et savent apprendre, tout apprendre, rien ne leur est interdit. Ils savent, par exemple, réfléchir, agir quand il le faut, s'occuper d'eux, de leur maison, laver, repasser, vider la poubelle, réparer, s'occuper des enfants, cuisiner.

3. Les mauvaises habitudes se prennent dès lors que les femmes cherchent à imposer leur façon de faire à leur homme. Ce dernier, malin (on n'en doutait pas...) fait « de travers » ce que sa femme lui demande de faire, et, de découragement en découragement, parviendra à la décourager complètement de recommencer. Et on passe du « c'est pas comme ça qu'on fait » au « je vais te montrer » pour finir par « vaut mieux que je le fasse moi-

même ». Voilà, le piège se referme ! La femme travaille donc à son propre asservissement. Ces habitudes-là se prennent très vite, s'installent confortablement et sont très difficiles à déloger. La morale de l'histoire : prenez votre mal (mâle) en patience, laissez-le essayer et prendre des risques (oui, pour certains, remplir la machine à laver le linge s'apparente à une expérience de l'extrême), même quand vous trouvez, que décidément, vous auriez vraiment fait autrement !

VOUS LE SAUREZ

POUR LA PROCHAINE FOIS...

1. Votre devise : « Moi d'abord, mon mec ensuite, mes enfants après. Enfin, je n'oublie pas les autres. » C'est peut-être un peu « raide », mais la vie c'est aussi ça. En somme, il faut savoir compter jusqu'à 3 pour se sentir une femme libre. On arrive au monde = 1. Un jour, on rencontre un compagnon = 2. Plus tard, on a un enfant = 3. Cet enfant grandit et s'en va un jour = 2. Son conjoint s'en va... parfois = 1. En un mot, il faut savoir compter et décompter : 1, 2, 3. Puis, 3, 2, 1. À vos calculettes...

2. Même la plus belle femme du monde ne peut donner que ce qu'elle a. Cela semble être une évidence : il faut savoir profiter de ses qualités et accepter ses défauts. Failles, carences, faiblesses et manquements font partie de nous. Il faut tenter d'y palier, d'en éliminer certains, d'en réparer d'autres et d'accepter ceux qui restent. La tête haute, sans culpabiliser.

3. Vous êtes une adulte, libre de penser et d'agir, quelle que soit l'éducation que vous avez reçue ou les injonctions transmises par notre modèle social. Vous n'êtes pas plus nulle ou meilleure qu'une autre ! Pourquoi subir ? Jusqu'à quand ? Pratiquez le tri sélectif, gardez ce qui vous convient et refusez de subir le reste : apprenez à dire non, à déléguer, différer, laisser de côté.

4. On peut tout vous demander à condition que vous puissiez dire non. En retour, acceptez que l'on puisse également vous répondre non lorsque c'est vous qui êtes en demande (c'est frustrant, mais vous vous y ferez).

5. N'oubliez jamais que vous êtes un modèle pour vos enfants. Ce que vous êtes, ce que vous faites les construit, façonne les adultes qu'ils deviendront : montrez-leur le vrai bon exemple !

TEST

SI JE VOUS DIS CULPABILITÉ… ÇA VOUS PARLE ?

1. Vous êtes invitée chez votre belle-mère et autant dire que la perspective vous enchante moyennement.

■ Vous dites NON ! Sans y mettre les formes ni le ton.

● Toujours à trouver des excuses bidon ! C'est la seule solution pour vous en sortir sans être trop mal à l'aise.

▲ Ça vous barbe mais ça lui fait tellement plaisir que vous ne pouvez pas refuser.

---

2. Vous avez oublié de fêter l'anniversaire de votre neveu Matthieu, celui-ka-les-yeux-bleus.

▲ Vous lui achetez un cadeau deux fois plus gros que prévu, en espérant que comme ça, il vous pardonnera.

■ Ç'est pas grave. Vous vous rattraperez plus tard.

● Vous pipotez que vous lui avez souhaité par téléphone et que c'est très bizarre qu'il n'ait pas eu le message.

---

3. Un homme pressé vous bouscule dans la rue.

■ Vous l'insultez en lui disant qu'il pourrait faire attention.

▲ Vous vous excusez.

● Vous lui faites les gros yeux et vous continuez votre chemin comme si de rien n'était.

---

4. Vous êtes restée coincée avec votre patron en réunion plus tard que prévu sans pouvoir prévenir votre chéri. Quand vous rentrez, vous lui dites :

■ Ah, non, pas de scène, tu ne vas pas t'y mettre toi aussi. Vous commencez à me gonfler les mecs !

● Je suis là maintenant, c'est le principal. Je vais t'expliquer ce qui s'est passé.

▲ Je suis désolée, c'est de ma faute, j'aurai pas dû accepter de rester.

---

5. Vous avez pris un an de congé parental à la naissance de votre bébé, mais il est temps de reprendre le chemin du boulot.

▲ Vous avez un nœud dans le ventre. Vous auriez peut-être dû prolonger votre congé.

■ Génial ! Enfin un peu d'air ! À vous les discussions autour de la machine à café avec vos collègues. L'organisation que vous avez mise en place à la maison roule et vous laisse tout loisir de reprendre votre vie trépidante.

● Les premiers jours de reprise risquent d'être compliqués mais c'est un mal pour un bien.

---

6. Vous avez un nouveau jules et vous avez prévu de partir le week-end prochain tous les deux. Mais votre fille ado à une peine de cœur et vous supplie de rester avec elle pour l'aider à passer le cap.

▲ Vous annulez votre week-end : vous êtes une maman avant tout.

● Vous coupez la poire en deux : du vendredi soir au samedi soir avec votre grand bébé et du samedi soir au lundi matin avec Tarzan.

■ Vous lui expliquez que ça ne va pas être possible, que son amie Inès sera sûrement plus précieuse que vous, tout en lui promettant de passer du temps avec elle plus tard.

RÉSULTATS

Vous obtenez une majorité de ■

VOUS ÊTES GRACIÉE

Étant donné que vous n'en faites qu'à votre tête, que les autres vous importent peu, que vous menez votre barque comme bon vous semble, et que bon, ben, vous faites un peu peur, le jury déclare votre culpabilité nulle et non avenue et la cour vous gracie.

Vous obtenez une majorité de ●

VOUS ÊTES CONDAMNÉ À 2 ANS AVEC SURSIS

Compte tenu du fait que vous avez fait des trucs pas très jolis-jolis mais que vous êtes somme toute assez sympa, avec autre chose qu'un petit pois dans le cerveau, et que vous avez réussi à faire pleurer la grand-mère du deuxième rang à l'audience, le jury vous déclare coupable et vous condamne à 2 ans avec sursis. Parce que vous le valez bien.

Vous obtenez une majorité de ▲

VOUS ÊTES CONDAMNÉE À PERPÈTE

Compte tenu du fait que vous vous laissez marcher sur les pieds, que vous êtes aussi cruche que Cendrillon, que vous aimez tendre le bâton pour vous faire battre et qu'en plus, vous n'arrivez même pas à faire vous-même votre blanquette de veau (et ça, c'est très grave), le jury vous déclare coupable et vous condamne à la prison à perpétuité.

JEUDI

6:30
OUAIS, CARRÉMENT…

C'est super tôt, mais j'ai prévu 20 minutes de plus pour être au top aujourd'hui. Sans trop y réfléchir en fait. Ce déjeuner avec Marc prend plus d'importance que ce que je veux bien me l'avouer. Benoît râle dans son oreiller, il est tôt, je suis folle de me lever avant les poules. Mais, bon, lui, il reste à ronfler le nez dans sa taie d'oreiller, et c'est moi qui m'extrais de sous la couette avec les yeux collés, alors qu'est-ce ce que ça peut lui faire ? !

6:35
Y'A COMME UN MALAISE

Une fois sous la douche, la soirée de la veille me revient à l'esprit comme un boomerang. Et me voilà qui me flagelle de ne pas avoir su me maîtriser et d'avoir gâché la soirée de tout le monde.

C'EST LE PSY QUI LE DIT…

Il vous arrive régulièrement de sauter comme la soupape d'une cocotte-minute, de partir en vrille après une remarque déplacée (ou pas…) ou carrément de sortir de vos gonds parce qu'on vous a ignorée, qu'on n'a pas fait assez attention à vous ? Pas facile de gérer sa susceptibilité et de ne pas surréagir quand on se sent attaquée ou remise en question au plus profond de soi. Et pourtant, il est tout à fait possible d'éviter la grande scène du II en se penchant sur la question.

Dans un premier temps, et dans le cadre d'une critique, il faut apprendre à traduire les propos de votre interlocuteur. Lorsqu'il vous dit « mais, t'es bête ou quoi ? » (de ne pas avoir lu correctement le mode d'emploi en coréen du téléviseur, d'avoir mis le Nutella au frigo…), avant de vous vexer et de vous mettre à bouder, il faut comprendre ce qu'il veut VRAIMENT vous dire. Il est très probable qu'il ait voulu dire « tu as mal fait de faire… », ou « ce que tu as fait (ou dit) est bête ». Mais bien sûr, il a beaucoup, beaucoup, beaucoup raccourci sa pensée. Nous y sommes : là est le pivot de votre agacement, puis de votre susceptibilité, puis de votre énervement. Car il y a bien sûr une nuance entre « tue es bête » et « tes propos sont bêtes ». Il faut faire la différence entre vos actes ou vos paroles, et vous : ce n'est pas parce que vous avez mal fait ou qu'une partie de vous a été défaillante que vous l'êtes vous tout entière.

Une fois que vous avez interprété correctement les propos en question, reprenez votre interlocuteur en le lui formulant clairement.

On en revient au dilemme habituel : qu'est-ce qui, de la forme ou du fond, est le plus important ? Les deux mon capitaine ! Si ce qu'il a dit est juste, la manière dont il l'a exprimé ne l'est pas. Il vous faudra, sans cesse, corriger ces malentendus, ces incompréhensions mutuelles et ces erreurs de communication. Savoir se dire les choses est essentiel dans un couple (et ce, même dans un couple de travail).

VOUS LE SAUREZ
POUR LA PROCHAINE FOIS...

1. N'oubliez pas que les hommes ne sont pas comme nous autres les femmes : ces p'tites bêtes-là n'ont pas de détecteurs de détails (quand je dis détails, entendez fringues neuves/nouvelle coupe de cheveux/lunettes/ perte de poids...). Ça doit être parce qu'ils nous aiment dans notre globalité... Ce n'est donc pas parce qu'ils ne remarquent rien que vous ne faites aucun effet ! Bon d'accord, ça ne va pas changer le fond du problème, mais ça peut vous rassurer !

2. Respirez un bon coup, pensez à un bon moment passé ensemble, cela vous permettra de ne pas trop monter dans les tours.

3. N'hésitez pas à prendre vos jambes à votre cou et à partir vous aérer les méninges. Vous verrez, au retour, il y a de fortes chances que l'ambiance se soit radoucie. Pensez à prévenir que vous sortez le chien (même sans le chien) pour votre bien, son bien et le bien de tous.

4. Posez-vous la question de savoir si l'avis de votre homme a plus de poids que le vôtre. Ne confondez pas vexation et simple remarque due à une divergence de point de vue. Comme disent les Anglais : *We agree to disagree*. Donc, c'est OK de ne pas être d'accord sur tout.

5. Réfléchissez à ce qui a été touché en vous et pourquoi vous avez surréagi. Cela n'a peut-être rien à voir avec LUI, mais

À FAIRE SANS FAUTE !

Attention, ce qui vaut pour votre interlocuteur vaut aussi pour vous ! Si votre réaction est disproportionnée, elle aura plusieurs conséquences :

1/ Vous lui montrez que vous ne pouvez pas supporter la critique, ou le manque d'attention, vous êtes donc fragile. Il saura en profiter une prochaine fois.

2/ S'il est émotif, il évitera, par la suite, de vous faire une remarque., ce qui n'est pas le but recherché (à moins que vous ne souhaitiez mettre fin à votre relation, dans ce cas, vous avez la bonne technique).

3/ Au lieu de répondre calmement avec des arguments posés et suffisamment ciblés pour qu'il comprenne qu'il est allé trop loin, c'est vous qui, justement allez trop loin. L'effet recherché est donc nul.

probablement que cela a réveillé des fragilités qui viennent de votre passé. Habituez-vous à ne pas lui sauter à la gorge dès qu'il vous rappelle Tata Lucette qui vous obligeait à manger des escargots... En revanche, habituez-vous à en parler avec lui pour que cela ne se reproduise pas.

6:50
MIROIR, MON BEAU MIROIR

Après la douche commence l'épreuve du brushing. J'étais pourtant hyperconcentrée hier en observant la technique impeccable de Tony. J'essaie de reproduire ses gestes fluides et assurés, mais j'ai l'impression d'avoir deux mains gauches ! Ça doit être l'effet miroir... Chacun son métier : dompter mes mèches pour en faire de vraies fausses rebelles n'est manifestement pas le mien. Qu'à cela ne tienne, mon carré-coiffé-décoiffé passera pour un carré-décoiffé-décoiffé, ça ne va pas empêcher la Terre de tourner. Maquillage. Ça, je maîtrise.

7:15
TÊTE LA PREMIÈRE DANS MON DRESSING

J'avais bien prévu une tenue hier soir en me couchant, mais ce matin, elle me semble totalement... comment dire... inadaptée. Si je m'écoutais, j'enfilerais mon jean denim+élasthanne hyper confort et un de mes trois (ah non ! depuis mardi ils sont quatre) pulls bleu marine. Mais je ne m'écoute pas. Faut qu'au boulot ça « plaise », que ça colle à leurs codes. Les miens ne sont pas universels. Et surtout pas vraiment au goût du jour. Sans compter que ce midi, j'ai un rendez-vous qui me colle des papillons dans le ventre. Il faut que je rayonne, que je sois sublime, parce que, mince, je le vaux bien ! Je reste comme une mouche coincée dans un verre devant mon tas de fringues avant d'avoir un éclair de génie et d'agripper une robe rouge toute simple (achetée il y a des lustres pour un soir de réveillon et que je n'ai jamais portée depuis !), une veste en cuir (c'est indémodable, non ?), des collants noirs et mes bottes à talons. Check.

7:30
PAS VRAIMENT UN MATIN RICORÉ

Après la soirée d'hier, les effluves d'un léger malaise flottent dans la cuisine. Les Nains me regardent tous les deux en coin, avec l'air de se demander si j'ai rendez-vous avec la reine d'Angleterre, genre c'est-quoi-ce-look-pour-aller-bosser-aujourd'hui-maman ? Ils me trouvent clairement *over* : *over*-dressed, *over*-maquillée, *over*-parfumée...

M'est bien égal ce qu'ils peuvent penser. J'ai arrêté depuis belle lurette d'exprimer le fond de ma pensée quand ils partent en cours avec des trous plein leur jeans ou des T-shirts plus petits que des soutifs. Chacun sa *life*, comme dirait l'autre. Je crois bien que l'épisode d'hier soir a boosté la croissance de mon égoïsme naissant. C'est assez nouveau ce sentiment, cette idée qu'eux, c'est eux et moi c'est moi. Impossible de dater ce changement d'approche. Il a dû s'amorcer comme ça, sans faire de bruit, à force de déceptions et de contrariétés, d'efforts à sens unique, parce que ce que je considère être de la gentillesse a été trop souvent interprété comme de la faiblesse.

Bon, trêve d'introspection, il faut que je me secoue ! Ce qui est important aujourd'hui, c'est qu'à la perspective de mon déjeuner avec Marc, j'ai comme des papillons dans le ventre... C'est pas normal quand même, je le connais à peine. Je devrais peut-être me poser des questions ? Non. En fait, je préfère ne pas m'en poser !

8:00
DÉPART ANTICIPÉ

Je pars plus tôt ce matin. Tant pis si la table du petit déj n'est pas débarrassée et la cuisine pas nickel de chez nickel. Quant à Mirza, il trouvera bien un bras au bout de la laisse pour l'emmener lever la patte. J'ai envie de voir ce que ça fait d'être au bureau avant tout le monde. Envie d'expérimenter ce que ça fait de prendre un kawa tranquille, de voir la tête des Jean-Michel, Maxime et Cie quand ils me verront à mon bureau en arrivant, envie de kiffer le calme avant la tempête, envie d'occuper le terrain quand Marc passera la porte. Avec ma robe et ma nouvelle coupe, personne ne devrait me louper aujourd'hui. Sortez les spots, préparez les stylos pour les autographes !

8:05
LIFE IS GOOD !

Voiture en vue. Rouge, comme ma robe. Si je m'allongeais sur le capot (on se demande bien pourquoi je le ferais…), on ne me verrait plus. Pas vraiment le but de la journée, de jouer les caméléons…

Je mets la musique à fond et je chante à tue-tête sur du Beyoncé : « *Single ladies, single ladies. Wo oh oh !* » Je me sens invincible, toute puissante, canon et prête à croquer le monde. C'est dingue comme le même trajet peut être totalement différent d'un jour à l'autre. J'ai l'impression que tout le monde me dévisage aux feux rouges, l'air étonné de voir une nana si joyeuse un jeudi matin. Et ouais, les gars ! En fait, la vie n'est pas si moche !

8:25
LE CALME AVANT LA TEMPÊTE

Moins d'embouteillages, plus de places pour se garer. Il va falloir que je réfléchisse à adopter définitivement ces nouveaux horaires.

Tout est calme… Pas de téléphone qui sonne, pas de brouhaha des conversations qui s'entrechoquent. Juste moi et ma robe rouge. Je pose mes affaires dans mon bureau et nous allons toutes les deux chercher notre cappuccino du matin comme si nous partions en balade dans les champs, le pas léger, l'œil vif.

8:40
MARC, ÉPISODE 1

Nonchalamment accoudée à l'une des tables hautes qui meublent l'espace détente de l'étage, je sirote le liquide marronnasse-dégueulasse en savourant la chance que j'ai d'avoir ce job. Et me voilà soudainement tirée de ma rêverie par l'arrivée de Marc devant la machine à café. Il me voit. Et quand je dis qu'il me voit, je veux dire il me voit VRAIMENT. Il me regarde quoi. J'ai les poils des bras qui se hérissent et les genoux qui s'entrechoquent. On confirme notre déjeuner, il me suggère de boycotter la cantine et de se trouver un petit restau dans le coin. J'opine du chef (sans faire de mauvais jeu de mot…).

8:55
STUPEUR ET TREMBLEMENTS

Retour dans mon bureau. Bruno passe devant moi pour rejoindre le sien, tout en braillant dans son portable que, oui-il-sera-là-pas-tard-ce-soir, que non-il-n'oubliera-pas-de-passer-chercher-le pain et que merde-il-bosse-lui… Regard circulaire en ma direction. Expression de stupeur.

C'est limite s'il ne fait pas marche arrière avec ses Weston pour s'assurer de ce qu'il vient de voir : moi, déjà au boulot, bien coiffée-décoiffée, l'œil de biche brillant, le sourire aux lèvres. Une mutante quoi…

9:00
UNE VRAIE FEMME POUR JM

Jean-Michel arrive. Même effet sur ce gros nase. Mais lui, il vient carrément s'asseoir devant moi, certainement pour s'assurer qu'il ne s'agit pas de ma petite sœur qui aurait pris ma place pour la journée.

Il me dévisage si ostensiblement que c'en est limite gênant. Quelque chose a changé, mais quoi ? Je sens que ses neurones fonctionnent en surrégime. Il me demande si je suis libre pour le déjeuner. Je décline. Dommage, il avait besoin de conseils à propos sa nouvelle chérie. Nan, c'est vrai, il y a bien Maxime avec lequel il parle de sa vie privée, mais il préférerait l'avis d'une femme, une vraie. Ah bah c'est nouveau ça ! Je suis une vraie femme maintenant ! ? Incroyable l'effet petit chaperon rouge. Je lui proposerais bien d'en parler à sa femme, la vraie, mais je décide de ne plus me mêler de ce qui ne me regarde pas. Après tout, il n'a pas plus besoin de moi pour gérer sa relation adultère que pour conclure le *deal* aux US, non ?

10:05
ALEXANDRA PASSE UNE TÊTE

Une sale, mais alors très sale tête. Elle me propose de déjeuner avec elle. M'enfin ! C'est quoi tous ces gens qui me proposent de déjeuner précisément aujourd'hui ? Je ferme la porte et lui laisse un quart d'heure pour me raconter ce qui la met dans cet état.

Pour simplifier le gros nœud dans lequel elle est empêtrée : le père de ses enfants ne reviendra pas, jamais de la vie, il lui a dit et redit, et ne lui donnera pas d'autre explication de son départ que « c'est comme ça » ; son patron l'a convoqué pour lui signifier qu'elle ne devait en aucun cas apporter ses ennuis personnels au bureau, qu'il exigeait une totale disponibilité et qu'il fallait qu'elle arrête de pleurnicher sur ses tableaux Excel. Ses parents, qu'elle a appelés au secours pour la soulager avec les enfants et la maison, lui ont répondu qu'ils en avaient bavé ces quarante dernières années et que c'était bien leur tour aujourd'hui d'en profiter (et, pour en rajouter une petite couche, qu'ils ne l'avaient jamais senti, son futur-ex-mari). Bref, elle a peur d'affronter l'avenir seule, peur que sa vie soit foutue, piétinée, laminée.

Je suis à deux doigts de lui proposer de prendre ses gosses le mercredi après-midi, mais, va savoir pourquoi, je ne le fais pas. Je la lui aurais certainement proposé il y a quelques semaines, mais là, je ne le fais pas. J'en suis incapable, non pas CONTRE elle, mais POUR moi.

Le quart d'heure passe vite, emporté par le débit de ses malheurs. Je lui promets de réfléchir à tout ça et de l'aider comme je peux. Oui, Alexandra, repasse quand tu veux.

Pffff, en même temps, ils commencent à me gonfler tous ! Y'a pas marqué La Poste sur mon front, non ? !

10:20
C'ÉTAIT BIEN LA PEINE D'ARRIVER SI TÔT

Voilà, avec tout ça, je n'ai pas encore commencé à bosser ! Je m'y mets, sérieusement, en essayant de ne pas penser au déjeuner avec Marc. Lequel m'envoie un mail quelques minutes plus tard pour m'indiquer l'adresse du restau où il propose de me retrouver. Ah bon, on n'y va pas ensemble ? OK, il est peut-être en rendez-vous à l'extérieur avant. Je googlise l'endroit. Pas mal du tout... J'ai bien fait de laisser mon petit pull bleu marine au placard. Encore deux heures à attendre. Je me concentre sur mes mails et mes dossiers.

11:25
TEXTO DE MA GRANDE

« Urgent Moune appel moi ». Cette fois, j'ai appris ma leçon : la notion d'urgence étant toute relative chez ma fille, je me remets à bosser. Trois minutes plus tard : « Ta pa u mon texto ? ». Je ne réagis pas. 240 secondes plus tard : « MOUNE ? ! ? ! ? ! ? ! ? ! ». Heureusement que les SMS ne sont pas facturés au nombre de points d'exclamation. J'appelle. Oui ça va ma chérie, et toi, c'est quoi le problème ?

J'écoute d'une oreille distraite ses interrogations sur la solidité de son couple et je botte en touche quand elle me demande comment je fais avec son père au bout de tant d'années. Je lui propose de la voir pendant le week-end pour que l'on parle de tout ça tranquillement en tête-à-tête, à un moment où je serai dispo. Oui, je t'aime moi aussi ma puce, mais, non, je ne suis ni bizarre ni en colère, c'est juste que là, je bosse, et que dans moins d'une heure, je déjeune avec un homme qui... non, ça, je ne le dis pas.

12:10
ESCALE TECHNIQUE

Passage aux toilettes avec ma trousse à maquillage. Vérification générale, retouches discrètes, dernier coup d'œil qui se veut rassurant. En fait, je pète de trouille.

12:30
MARC, ÉPISODE 2

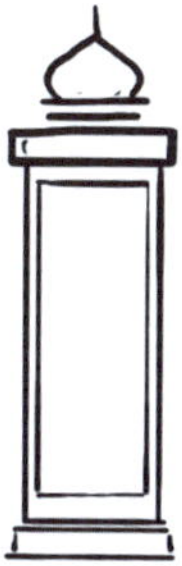

Je crois bien avoir lu quelque part (sûrement dans un magazine féminin, rubrique « Premier rendez-vous, dix astuces pour que ça marche ») qu'il fallait arriver avec cinq minutes de retard. Alors je m'exécute. J'attends planquée derrière une colonne Morris pendant dix bonnes minutes. Normal, j'étais en avance.

C'est du grand n'importe quoi. À quel moment ce déjeuner s'est-il transformé en rendez-vous galant ? Je suis en train de me faire un film, comme si on m'avait greffé une GoPro à la place du cerveau ! J'ai vu Marc deux fois dans ma vie et il ne m'a envoyé aucun signal qui pouvait laisser entendre que sa proposition sortait du cadre strictement professionnel. Et puis d'abord, je l'aime moi, mon chéri ! Et mes gosses, et ma vie ! Et si quelqu'un du boulot nous voyait ? J'imagine déjà la vitesse à laquelle radio Moquette se saisirait de l'« affaire »...

12:35
C'EST PARTI

Inspire. Expire. Je fais mon entrée, la tête haute, le regard assuré et le cœur battant la chamade. Il est là. Il se lève pour me saluer, fait le tour de la table et tire la chaise pour m'inviter à m'asseoir. Je n'ai jamais vu personne faire ça à part dans *Downton Abbey* ! Le truc qui me rassure un peu, c'est qu'il a l'air aussi intimidé que moi. Nous piquons tous les deux du nez dans le menu avec un réconfort non feint.

12:45
COMMANDES PASSÉES

Que des trucs faciles à manger. Pas de vin. Ça fait faire n'importe quoi le vin. La discussion commence. Ou, plus exactement, la discussion reprend là où il me semble qu'elle s'est arrêtée un jour, dans une autre vie. Il y a une espèce d'évidence dans nos échanges, une fluidité sans grumeau, un langage commun, une douceur rassurante, de la complicité.

Il me parle de Pauline, notre future assistante et me remercie d'avoir su repérer son potentiel. Il a eu une véritable écoute et j'ai l'impression que je peux lui parler VRAIMENT de mon boulot, de mes frustrations à travailler avec Laurel et Hardy, des remarques franchement sexistes de Bruno et de son obsession pour les talons hauts. J'ose même lui avouer ma désillusion face au voyage avorté aux States et mon sentiment de ne jamais en faire assez. Il m'écoute toujours et j'ai l'impression qu'ensemble, on va trouver des solutions. Ouf, je ne me suis pas trompée, c'est un mec bien !

Au fil de la conversation, on parle de choses plus intimes. On se raconte nos parcours pros, persos, ses enfants, son divorce, sa femme partie en lui laissant les nains. (Je n'imaginais même pas que c'était possible ça !). Il ne se plaint de rien, m'explique comment il se dépatouille de tout ça avec l'aide de sa mère, très présente, et de quelques bonnes copines.

14:00
TIME'S UP

Le temps d'un expresso et hop ! c'est la fin de la récré. Il est l'heure de rentrer au bureau. Dommage. J'ai l'impression que j'aurais pu passer des heures à discuter avec Marc, de sa façon de voir son boulot, du mien. On se bat pour payer l'addition. Il l'emporte. Je laisse le pourboire. En plus de me coller des papillons dans le ventre, il est galant. On se quitte en se disant merci pour ce (bon) moment et en se promettant de remettre ça très vite. Je rêvasse sur le chemin du retour. Pourquoi est-ce que ce déjeuner a pris tant d'importance ? Est-ce parce que je suis en déficit d'écoute, que j'ai l'impression de parler dans le vide quand je suis à la maison et de pédaler dans la choucroute quand je suis au bureau ? Faudrait vraiment que je creuse un peu la question…

14:15
RETOUR DERRIÈRE L'ORDI

À peine posée, j'envoie un mail illico à ma copine Charlotte : « Tiens-toi prête, je t'appelle entre 18:30 et 19:15. C'est important ». Réponse rapide : « Miam, des trucs croustillants à raconter, toi ? Il était temps, ça fait 15 ans que j'attends ça ;-) ».

Je lis et relis la réponse de Charlotte. Ça fait quinze ans qu'elle attend quoi exactement ? Que je sois attirée par un autre homme que mon légitime ? Que j'ai le cœur qui batte comme je ne l'ai pas senti battre depuis longtemps ? Que j'ai envie de hurler au monde que j'existe, que j'ai besoin d'être regardée, choyée, accompagnée, aimée, écoutée ?

J'ai la capacité de concentration d'une huître. Je m'agite dans tous les sens pour tenter de me calmer. Je virevolte de bureau en bureau pour tuer le temps et montrer aux uns et aux autres que - oui, vous le voyez hein ? - je ne suis plus tout à fait comme avant. Le processus a commencé et il n'est pas près de s'arrêter.

Je passe une heure à triturer ce qui me reste de neurones valides pour décider s'il faut ou non que j'envoie un mail de remerciement à Marc, s'il faut que je lui propose une nouvelle date de déjeuner, s'il faut que je lui dise que j'ai senti qu'on était bien « en phase » tous les deux. Finalement, ce sera non.

C'EST LE PSY QUI LE DIT...

Qui n'a jamais « flashé » sur un collègue ou un collaborateur dans sa boîte ? Soyons réalistes, tout concourt à rapprocher les salariés d'une même entreprise : mêmes parcours, mêmes centres d'intérêt, ils passent beaucoup d'heures ensemble et, au travail, on soigne son apparence. Sans compter que le côté aseptisé de la vie de bureau, entre communication désincarnée et réunions interminables, nourrit le besoin de développer des relations plus proches... Alors on se tient bien, on se retient, on se contient, mais, souvent, les fantasmes fusent, et parfois se diffusent. Jusque-là tout paraît simple. Mais si on regarde de plus près ce phénomène assez répandu, on constate que cela n'est pas vécu de la même façon pour tout le monde.

Lorsqu'une femme est heureuse dans son couple, qu'elle se sent aimée, épanouie et sûre d'elle, les avances reçues de la part d'un collègue charmeur ne font que la conforter dans son estime de femme séduisante. Il est même fréquent qu'elle en parle à son conjoint. Disons-le franchement, cela met même du piquant dans la relation de couple et booste l'amour et la sensualité déjà présents. En ce sens, les fantasmes au bureau sont bons pour le couple (oui, oui, vous lisez bien ! Vous pouvez donc continuer à flirter avec Martin à la photocopieuse !)

Ce qui nous intéresse plus, c'est lorsque le couple bat de l'aile et que la femme doute de son avenir avec son compagnon. Quand alors un collègue, lui aussi malheureux, se met à lui faire des confidences, elle est émue par ses peines de cœur, et peut développer une réelle attirance. Elle s'imagine lui ressembler sur le plan sentimental et pense qu'en associant leurs tristesses respectives, elle va trouver du réconfort et pouvoir en donner.

18:30
GAME OVER

Je quitte le bureau avec un sentiment mitigé : je perds toute occasion de croiser Marc, ce dont je crève d'envie, mais j'ai vraiment besoin de parler de tout ça à Charlotte ! Je cours littéralement à ma voiture, m'y enferme et compose son numéro, moteur éteint.

18:35
ALLÔ, CHARLOTTE ?

Elle me répond avec son air amusé et léger. Comme je ne sais pas par où commencer, je laisse s'écouler le flot de mes paroles incohérentes. Marc, Ben, les enfants, mes parents, le boulot, mes potes, mes rêves d'ado... Ah mais je ne suis pas malheureuse, ça non, mais est-ce que je suis heureuse ? Est-ce que je pourrais être plus heureuse ? Une fraction de seconde, je pense à Meryl Streep dans *Sur la route de Madison*, quand Clint lui demande de tout abandonner et de la suivre. Mais quelle tarte... Pourquoi donc n'a-t-elle pas tout plaqué pour partir ? Je m'imagine en Meryl et Marc en Clint... Dis Charlotte, dis-moi où j'ai raté la marche, toi qui sais comment faire pour mener ta vie sans avoir peur de ce que les autres pourraient en penser, en faisant passer tes passions, tes plaisirs, tes sentiments avant ceux des autres sans que ceux qui t'entourent se sentent heurtés ou trahis.

Bonne copine, Charlotte me laisse déballer mon gloubi-boulga émotionnel. La réponse a le mérite d'être franche, (mais pas forcément très claire !) : « Ma chériiiiie, mais quelles merveilleuses nouvelles ! Tu es enfin sur la bonne voie. Je suis ravie pour toi ! Continue comme ça, aime-toi, toi, ta relation avec tes proches n'en sera que meilleure. Et on en reparle quand tu veux ! » Mais, Charlotte, ne raccroche pas ! Tu m'as pas dit pour Marc ! Comment je m'habille demain, et qu'est-ce que je raconte à Ben ? Et comment je fais pour m'aimer moi alors que je ne me trouve pas très jolie, un peu vieille et légèrement grosse, et qu'en plus, j'ai du mal à savoir comment aimer les autres... ?

19:05
L'AMOUR INCONDITIONNEL...

Je démarre et j'appelle à la maison en chemin ; la voix de mon petit Nain me fait chaud au cœur. Lui, il m'aime parce qu'il m'aime, voilà, sans raison particulière, sans arrière-pensées. OK, pour aller promener le chien, bien sûr, Maman, si ça peut te soulager. Il a une surprise pour moi, elle m'attend quand je rentre. Je passe la seconde. Vite, j'ai besoin de mon cocon familial pour me remettre les idées en place.

19:43
CE SOIR, ON SORT !

Je passe la porte, les enfants se précipitent sur moi pour m'embrasser, me débarrasser de mon sac, me dire que je suis jolie ce soir et me montrer qu'ils sont vraiment contents de me voir. La surprise, c'est que papa a téléphoné de sa voiture et qu'il passe tous nous prendre dans une demi-heure pour nous emmener au restau, celui où nos rendez-vous familiaux se font autour d'un carpaccio de bœuf de folie et de pâtes à tomber. Je file me changer mais les enfants préfèrent que je reste comme-je-suis-pour-aller-déjeuner-avec-la-reine-d'Angleterre. Alors je reste comme je suis, pas de raison que je réserve à ma famille leggings et T-shirts informes.

20:15
DÉPART EN FANFARE

On s'engouffre dans la voiture. Chacun manifeste son enthousiasme quant à cette escapade inattendue. Pas grave s'il y a école demain, ils n'ont plus trois ans, ils peuvent bien se coucher un peu plus tard...

20:45
JEU DE SOCIÉTÉ

On est installé, la Grande débarque. Son père – qui sait que rien ne me fait plus plaisir que sa présence, si rare depuis son départ de la maison – louche sur moi avec un plaisir non dissimulé. Je les regarde tous avec une satisfaction sincère. Sacrée famille quand même !

En attendant que la commande arrive, on se lance dans un « Vérité ou Vérité » (un jeu *made in* nous qui remplace le trop commun « Défi ou Vérité ») et tout le monde y va de ses meilleurs et de ses pires souvenirs familiaux. C'est dingue comme on n'a pas du tout la même vision des événements. Chacun son prisme, chacun ses émotions, compliqué d'être sur la même longueur d'onde si on ne se parle pas vraiment de ce que l'on ressent. C'est marrant, on a vécu les mêmes choses mais on n'en retire pas les mêmes choses. Eux c'est eux, moi c'est moi.

21:30
COUP DE FIL INATTENDU

Mon portable est posé sur la table en mode vibreur. Un SMS arrive. Je n'y prête pas attention, la Grande si. C'est un message de Marc. C'est qui ce Marc qui t'envoie un texto à cette heure ? Vas-y Maman, lis-le ce message. Je sens que mon visage prend la même couleur que la nappe, cramoisie. Je lis le message en silence, l'air le plus indifférent possible. « Vivement notre prochain déjeuner. » J'ai envie de faire une petite danse de la joie... mais je me retiens.

Nan mais c'est rien, juste le DRH à propos de l'assistante intérimaire. Oui, oui, à 21:30, il bosse beaucoup, il vient d'arriver. C'est bon, Ben, ne me regarde pas comme ça. Je n'ai plus faim du tout. Les papillons sont revenus.

22:30
RETOUR AU BERCAIL

Tout le monde au lit après avoir déposé la Grande à la station de métro la plus proche : elle doit rejoindre des potes à une soirée. Je remercie Benoît pour son initiative. Bravo ! Entre le restau et le coup de fil à la Grande, je dois dire que ça fait bien longtemps qu'il ne m'a pas surprise comme ça !

22:45
IN BED WITH BEN

J'attrape mon bouquin. Benoît sort de la salle de bains. Manifestement, il a envie de parler. Et plus si affinité. Je suis crevée, il comprend bien que je suis HS, mais ne se décourage pas pour autant. Moi si... Finalement, il aura droit à son « repos du guerrier ».

23:00
ON SIFFLE LA FIN DU JEU

Rapide, efficace, on n'en parle plus. Bon, je vais prendre une petite douche... Ben s'est endormi.
Il est trop tard pour reprendre mon bouquin. Je suis trop crevée pour calculer combien d'années il va me falloir pour le finir, ce satané livre.

C'EST LE PSY QUI LE DIT...

Absence ponctuelle de désir ou vraie perte d'attirance, désir en décalage ou inappétence passagère, un « non » blesse toujours l'ego du demandeur.

Mais dire « oui » au sexe quand vous pensez « non », c'est donner à votre compagnon un droit qu'il ne possède pas : celui d'abuser de votre corps.

On pourrait se dire que les femmes, plus indépendantes aujourd'hui, n'hésitent pas à dire non quand elles n'en ont pas envie. Et pourtant… quelque chose de l'ordre d'une ancestrale docilité féminine perdure. Certaines s'efforcent de maintenir le lien charnel par peur que leur homme se détache ou aille voir ailleurs.

Or, faire passer la demande de l'autre avant votre propre désir est toxique. Cela induit que vous valez moins que l'autre et que vous laissez évoluer votre relation vers un manque de respect et d'écoute.

Tout cela n'est pas si grave si vous en parlez sans drame et sans reproche. Car qu'elles aient 20, 40 ou 60 ans, les deux personnes souffrent, celle privée de sexe et celle qui voit son couple menacé du fait qu'elle a moins d'envie.

VOUS LE SAUREZ

POUR LA PROCHAINE FOIS…

1. Si vous dites oui à contrecœur et que cela vous heurte, vous éprouverez du ressentiment pour votre homme, ressentiment qui peut se transformer en désamour. Pas glop. Soyez-en donc persuadée : vous préservez votre couple en ne cédant pas à la facilité…

2. Dire non ne veut pas dire faire la tronche en allant dans l'auberge des culs tournés ! Ne soyez pas hostile, libre à vous de lui suggérer qu'il vous prenne dans ses bras forts et velus, de lui expliquer que ce soir c'est pas top, mais que demain, ça sera bien.

3. Faites-lui comprendre qu'il est beaucoup plus excitant, joyeux et romantique de faire l'amour quand les deux sont d'accord.

4. Expliquez-lui qu'il est plus efficace qu'il exprime son désir pour susciter le vôtre que de vous imposer quoi que ce soit (attendez-vous à recevoir beaucoup de sextos dans les prochains jours !)

5. Dédramatisez, expliquez-lui qu'il est possible de séduire sans obligation de résultat. Pas de drame si ça n'aboutit pas.

6. Ne faites pas la comptabilité des échecs sur tatami.

7. Ne vous faites pas mutuellement des reproches mais constatez la situation en toute tendresse afin de trouver ensemble un terrain apaisé.

8. N'oubliez pas que l'appétit vient en mangeant (ceci est une métaphore !).

TEST

QUEL TYPE DE GENTILLE ÊTES-VOUS ?

1. Quand vous faites un cadeau :

■ Peu importe le cadeau, c'est l'intention qui compte.

▲ Vous dépassez allègrement le budget que vous vous étiez fixé, vous ne voulez pas décevoir.

● Vous achetez les cadeaux au fil de vos lèche-vitrines tout au long de l'année en pensant aux personnes à qui ils plairont, vraiment.

---

2. Quelle est la qualité nécessaire à la vraie gentillesse ?

■ Je ne me pose pas la question, mes parents m'ont toujours dit qu'il fallait être gentille.

● L'attention bienveillante.

▲ L'attente d'un retour affectif.

3. Que pensez-vous de l'affirmation « la gentillesse ne paie pas » ?

▲ Tout dépend au profit de qui. Il faut savoir faire le tri.

● Pourquoi en attendre un quelconque retour ?

■ C'est bien vrai ça !

4. Être bienveillante envers vous-même aiderait à mieux prendre soin des autres. Qu'en pensez-vous ?

▲ Oui, archi d'accord, la première personne avec laquelle il faut être aimable est soi-même. C'est la condition *sine qua non* pour l'être avec les autres.

■ En quoi, comment et pourquoi être bienveillante envers soi-même ? Quelle drôle d'idée !

● Non, c'est totalement égoïste comme raisonnement.

5. Comment nourrissez-vous vos liens d'amitié ?

■ En n'attendant rien des autres.

● En étant présente 24/24, 7 jours sur 7, quel que soit mon planning.

▲ En partageant les bons moments. Les mauvais ne vous regardent pas.

---

6. Quand vous rendez service :

● Vous le faites avec plaisir, sans arrière pensée.

■ Vous avez le sentiment du devoir accompli.

▲ Vous attendez qu'on vous renvoie l'ascenseur.

RÉSULTATS

Vous obtenez une majorité de ■

VOUS ÊTES GENTILLE PARCE QUE C'EST BON POUR LA PEAU

C'est en tout cas ce que Tata Ginette vous a seriné toute votre enfance ! Un peu comme le coup des carottes qui font la cuisse rose. Vous n'avez pas eu d'acné sévère étant ado, et vous faisiez tous les devoirs de vos camarades de classe, c'est bien la preuve, non ? Pour éviter les rides à la ménopause, continuez à dire oui à toutes les demandes de votre entourage, vous verrez que vous garderez votre peau de bébé !

Vous obtenez une majorité de ▲

VOUS ÊTES GENTILLE PARCE QUE VOUS ÊTES MÉCHANTE

Cruella c'est vous ! S'il fallait tondre 101 dalmatiens pour faire plaisir à votre belle-mère, vous n'hésiteriez pas. Et pourtant, vous n'avez même pas l'âge de Tatie Danielle... Vous faites tout par calcul, et à la vitesse où augmente le prix de la vie, ça ne va pas aller en s'arrangeant. Bravo, vous avez trouvé le secret pour rester riche.

Vous obtenez une majorité de ●

VOUS ÊTES BIEN GENTILLE, VOIRE UN PEU NIAISE

Eh voilà, vous êtes en plein dans le syndrome TBTC. Si votre consœur est Cruella, vous êtes la charmante bécasse des dessins animés Disney qui danse dans la forêt et parle aux animaux. Plus proche de nous, vous êtes la jumelle d'Hélène (dans *Hélène et les garçons*). Un peu blonde, un peu niaise, bref, la fille qu'on aime détester !

VENDREDI

6:48
HAPPY FRIDAY!

Le vendredi matin est habituellement LE matin que je préfère. Il sonne la fin de la semaine de boulot et ça me met en joie. Aujourd'hui, c'est un peu différent. La perspective du week-end ne me réjouit pas tant que ça. Elle me gonfle même. Oui, c'est ça : trop de levure familiale, ça gonfle.

Je connais Benoît, son exploit de bon *pater familias* de la veille au soir va l'exempter de toute intervention ou participation à l'organisation familiale pendant au moins les quinze prochaines années ! Alors, le week-end...

Je m'extrais de sous la couette déjà de mauvais poil, sans dire un mot, et je me colle sous la douche.

7:00
LE GRAND MOMENT DE SOLITUDE...

Celui qui revient si souvent que c'en est presque ridicule. Celui qui me donne l'impression d'être une jouvencelle à l'aube de son mariage. Mais keskejevaisbienpouvoirmemettresurledos pour être au top aujourd'hui ?!! Bon, faut que je plaise, c'est clair. Mais à qui ? À moi, un chouia quand même... Enfin, c'est ce que m'a dit Charlotte hier au téléphone.

Ce petit haut vert acheté il y a trois mois par exemple, il me plaisait vraiment quand je suis passée à la caisse. Jamais mis. Pourquoi jamais mis ? Parce qu'il me semble avoir lu quelque part que s'il y a bien une couleur pas facile du tout à porter, mais vraiment paaaaas du toooout, c'est bien le vert… Depuis, le petit haut croupit dans mon placard et risque bien de finir sa vie comme chiffon pour cirer les pompes.

Et puis d'abord, le vendredi, c'est *Friday Wear*. Ça me fait trop rire de voir ces messieurs troquer la chemise-cravate pour le jean-polo. On y croit aux vertus du *casual*, censé alléger le poids des relations hiérarchiques, favoriser les échanges, les discussions informelles… Tout ça devant bien entendu faire sortir des idées intéressantes pour l'entreprise ! Non parce que quand même, faut pas délirer, on est là pour bosser !

Déterminée à booster ma créativité, j'opte donc pour un jean, celui qui me fait des belles fesses (pas l'autre qui me les aplatit), un chemisier blanc un peu échancré (c'est Bruno qui va être content) et des escarpins à talon de 8. Un coup de brosse, maquillage minimaliste mais précis (pas question d'avoir l'air de tomber du lit, même un vendredi) et zou, roule ma poule !

À NE PAS FAIRE SANS FAUTE !

Entre théorie et pratique du *Friday Wear*, il y a
des limites à ne pas franchir. Pour éviter de faire
un impair, il faut suivre quelques principes :
1/ Être cool ne veut pas dire être débraillée.
Oubliez les pulls trop petits qui boulochent,
les chemisiers élimés, les pantalons troués.
Bref, *Friday Wear* ne veut pas dire week-end
à la cool chez votre vieille pote au fin fond du
Larzac. Vous saisissez la nuance ?
2/ Ne vous habillez pas "provoc", vous n'allez
pas draguer en boîte ! Donc *exit* le décolleté
plongeant, la jupe taille poupée, le ventre à
l'air (personne au boulot n'a besoin de savoir
que vous avez un piercing au nombril).
3/ Dernière chose et pas des moindres : ne claquez
pas la bise à tout le monde sous prétexte que
c'est vendredi. On respecte la hiérarchie, même
si le boss arrive en chemise hawaïenne (lui,
personne ne lui a parlé du dress code !)...

7:15
ON S'ORGANISE !

Je m'installe devant mon petit déj après avoir plus que sommairement installé la table pour tout le monde. Et tout le monde est là, plus ou moins peigné, plus ou moins fagoté, l'œil dans le vague et la tête dans le pâté. Probablement le *jet lag* dû au resto de la veille. Quel manque de résistance...

Je profite vicieusement de la léthargie générale pour faire une annonce officielle : mes chéris, j'ai fait un rêve ! Et j'ai décidé qu'il deviendrait réalité. Voilà, désormais, chacun d'entre nous sera responsable d'installer et de ranger la table du petit déj à tour de rôle dans la semaine ; chacun aura en charge une « corvée » par jour (descendre les poubelles, sortir le chien matin et soir, mettre la table du dîner, débarrasser la table, vider la machine à laver la vaisselle, toussatoussa). Fini l'impro, parce que, finalement, c'est toujours moi qui fais la tête d'affiche. À partir d'aujourd'hui, on va s'or-ga-ni-ser, et on va partager les plaisirs !

Benoît sourit en coin, l'air *a priori* satisfait. Jusqu'au moment où il comprend que lui aussi fait partie de la troupe concernée. Du coin, le sourire passe en biais. Mon ton assuré ne laisse cependant aucune place à la controverse. Parfait, je vais leur préparer un tableau Excel, ou mieux un PowerPoint avec camemberts, ça nous fera un sujet de conversation constructif pour le week-end.

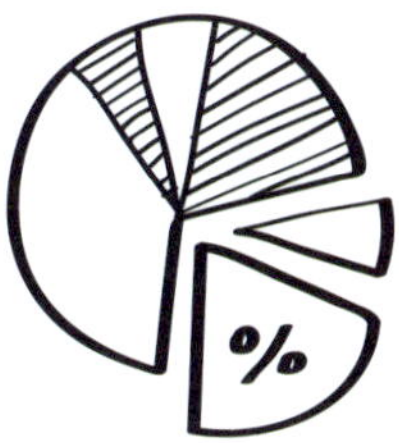

7:45
SALUT, SALUT !

Je vais bosser ! Oui, en voiture (ça fait un bien fou de passer par ce sas entre la maison et le bureau). Et tant pis si j'ai un PV, je le passerai en note de frais : quand ils en auront marre de payer, ils penseront peut-être à me donner une place de parking. J'attrape au vol le cadeau de la nouvelle-née (ça se dit ça ?) avant de tourner les talons.

8:15
PAULINE ME DIT MERCI

Dans le hall, je croise Pauline, qui a rendez-vous pour signer son contrat. Elle démarre lundi.

Elle est tout émue et me remercie pour notre entretien et mon appui. Je sens que si elle se laissait aller, elle pourrait me serrer dans ses bras. Ça me fait chaud au cœur. D'avoir face à moi quelqu'un de vraiment reconnaissant. Ce n'est pas si fréquent, finalement.

VOUS LE SAUREZ
POUR LA PROCHAINE FOIS...

Vous avez aidé la voisine du dessus à porter ses courses parce que, pour la 15e fois, l'ascenseur ne marche pas. Vous avez expliqué pendant un quart d'heure à un touriste perdu dans votre quartier comment se rendre au Sacré-Cœur. Vous avez donné des tuyaux à une connaissance pour qu'elle trouve du boulot dans votre boîte qui cherche à recruter. Vous n'avez pas été « sympa » ou « gentille », vous avez fait preuve d'altruisme, un comportement sans aucune connotation négative ! Et d'ailleurs, vous vous sentez drôlement bien... Pourquoi ? Parce que faire le bien nous fait du bien !

1. L'altruisme permet d'avoir une meilleure estime de soi. Ben oui, rendre service sans contrepartie, ça vous donne l'impression d'être un peu Mère Teresa, et ça, c'est bon pour l'ego !

2. L'altruisme est bon pour la santé : pas d'émotions négatives, pas de stress, rien de mauvais pour le cœur, donc c'est bon pour vous. CQFD.

3. L'altruisme attire la sympathie : nul doute que le touriste de tout à l'heure, s'il vous rencontre, va vous trouver merveilleuse et vous remerciera mille fois.

4. L'altruisme rend heureux. Quand on fait une action qui fait du bien à autrui, on est content, voire fier de soi. Et comme on n'est jamais mieux servi que par soi-même, autant réitérer !

8:20
L'OCCASION FAIT LE LARRON

Je propose à Pauline de l'accompagner jusqu'au bureau de Marc. Parce que, vraiment, elle va avoir du mal à trouver !

Non, c'est vrai quoi ! C'est vraiment sympa de ma part, sans moi, elle aurait erré comme une âme en peine avant d'atterrir au bon endroit. Quelle chouette fille je suis... Rien à voir, mais vraiment rien du tout, avec une soudaine envie de croiser un certain regard...

8:30
BRUNO NOUS MONTRE SA SCIENCE

Bruno arrive. Bingo : jeans trop courts et polo à col relevé. La classe à Dallas. Je lui apporte le cadeau de naissance. Et il a le culot de m'engueuler : les petites filles ça s'habille en rose et pas en orange ! Je m'apprête à protester, à clamer mon indignation devant tant de conformisme... et le voilà qui se lance dans une explication soporifique sur le fait que, dans la tradition populaire, le bleu dévolu aux petits couillus a la réputation de chasser les diables, démons en tous genres et esprits malveillants, et de placer sous une bonne étoile ceux qui portent des vêtements de cette couleur. Les filles, rien à battre, elles se démerdent toutes seules avec le Mal : elles ont droit au rose, symbole de l'amour, de la sagesse divine, emblème de la tendresse et de la douceur. C'est bien connu, les filles sont toutes des puits de lumière et d'amour. La vache. Je vais aller vérifier tout ça sur Wikipédia une fois dans mon bureau, mais si ça se confirme, on vient vraiment de loin.

Bref, l'orange n'étant pas une couleur répertoriée dans le trousseau des nouveau-nés du Moyen Âge, l'est pas content le Nono. Encore moins quand je lui file la note. Je laisse le paquet sur son bureau, il pourra toujours le monter en lampe s'il veut, moi, ma mission est accomplie.

9:30
LES COULEURS DE L'AMOUR

La grande-messe-commerciale-du-vendredi démarre. Tout le service se retrouve autour de la table. L'ambiance est plutôt détendue et très... colorée. Jean-Michel est accoutré comme un adolescent qui a vieilli trop vite. On sent clairement la patte de sa nouvelle jeune « amie ». Il est grotesque. Il le sait, ça se voit. La question est de savoir pourquoi il se laisse faire. Il a l'air d'avoir vingt ans de plus avec ses malles Vuiton sous les yeux. Il les paie cash, les agios de sa nouvelle vie !

Marc arrive en retard, explique qu'il était au téléphone avec l'infirmière de l'école et qu'il va falloir qu'il file récupérer sa fille. Rien de grave, juste un aller-retour rapide. Silence des mecs autour de la table ! Trop drôle à observer ! On dirait qu'ils vont s'étrangler avec le capuchon de leur stylo Bic. Comme si le fait de voir un papa 2.0 qui s'occupe de ses enfants était inconcevable en 2016.

10:30
MARC, ACTE 4

Fin de la réunion, tout le monde se disperse plus vite qu'il ne faut pour le dire. Chacun retourne derrière son ordi.

Marc est dans mon bureau quand j'y rentre. Évidemment, j'ai été retardée par l'escale technique. Son agenda à la main, il s'excuse pour son SMS tardif, espère ne pas avoir posé de problème à la maison, et insiste pour que l'on fixe notre prochain déjeuner avant de filer chercher sa fille.

10:35
JE M'INSCRIS AU YOGA

J'appelle Juliette (pas eu le temps de m'occuper d'elle depuis son appel au secours de lundi) : la journée au boulot va être plus cool pour moi, je vais avoir du temps pour elle. On prévoit de se retrouver pour déjeuner dans 2 heures. Décidément, je suis très en forme moi, ce matin !

J'enchaîne tranquilou, pas très envie de m'arracher les neurones, pas très concentrée. Je m'occupe de chercher un cours de yoga à côté du boulot. Toutes mes copines font du yoga, ça me tente d'essayer. J'appelle, je m'inscris, je bloque sur mon agenda 2 cours par semaine, un le mardi à l'heure du déj et un le jeudi a 19:00. Ce soir-là, Ben se chargera du dîner, du chien et des Nains. Ça sera ma soirée off. Probable que j'en profiterai pour retrouver une copine dans la foulée ou pour me faire un cinoche. Je suis fière de moi !

VOUS LE SAUREZ
POUR LA PROCHAINE FOIS…

Ah le yoga ! Vous en avez entendu parler chez le coiffeur, chez votre meilleure amie, dans les magazines, à la télévision… Mais qu'est-ce qui fait que tout le monde s'y met ? Perso, vous n'avez pas envie de vous contorsionner en justaucorps pour le simple plaisir d'être à la mode.

Ca tombe bien, parce que loin d'être un simple phénomène de mode, le yoga est une activité complète, qui vous fera du bien au corps, mais aussi à l'esprit ! Sans compter qu'il en existe tellement de sortes que vous pourrez, au choix, transpirer tout votre soûl ou faire des mouvements tout doux qui ne vous fatigueront pas le moins du monde.

Le yoga c'est bon parce que :

1. Ça développe la souplesse. Vous n'aurez plus honte de ne jamais toucher votre nez avec votre langue. Euh non, pardon, vos pieds avec vos mains, jambes tendues.

2. Ça permet de devenir endurant. Enchaîner les postures pendant une heure vous prouvera que vous êtes, vous aussi, Super Jaimie.

3. Ça apprend à mieux respirer. Et donc, c'est bon pour la circulation, le cœur, la digestion, le sommeil… Stop, n'en jetez plus !

4. Ça apprend à se détendre. Et donc, à gérer son stress, ce qui n'est pas du luxe par les temps qui courent.

5. Ça initie à la méditation. Il y a toujours un petit temps consacré à cela en fin de séance. Et vous allez voir que ce petit quart d'heure va vous amener vers la sérénité.

Si avec tout ça, vous n'êtes pas convaincue, on abandonne !

12:00
LAUREL ET HARDY, LE RETOUR

Laurel et Hardy passent une (deux) tête(s). On en est où sur le dossier Détroit ? Inspire. Expire. Je vous en prie, messieurs, prenez place… Très calmement, mais très précisément, je leur expose le fond de ma pensée sur le sujet : oui, je vais les aider puisque Bruno me l'a demandé et que je n'ai pas le choix ; mais il ne faudrait pas qu'ils me prennent pour ce que je ne suis pas : la poire de service. Je leur demande, avec tout le respect dont je suis capable, s'ils trouvent normal que je ne sois pas du voyage, et si l'un d'entre eux ne serait pas prêt à me laisser sa place. Regards amusés et un poil interloqués. Si, si, les gars, je suis sérieuse. La pensée ne les a même pas effleurés. OK. Donc, je vais faire le minimum syndical, hors de question que je mastique tout le boulot en amont pour que vous récupériez les lauriers une fois le Nouveau Continent conquis. Rien de méchant dans mon approche, mais ça suffit d'être la gentille conne de service. Ils veulent s'y mettre tout de suite car Bruno les attend au tournant et qu'ils ne savent pas comment finaliser le document. Non, pas maintenant les gars, revenez me voir à

15:00. Ils me regardent avec des yeux de merlan frit et n'ont pas d'autre choix que de s'exécuter.

C'EST LE PSY QUI LE DIT...

Eh oui ! Dire non est souvent compliqué, mais le résultat peut vous rendre libre. Dire oui est bien plus facile, mais peut vous enchaîner et vous amener à le regretter. Vous y gagnerez en affirmation de soi et on vous respectera davantage.

Imaginez le oui et le non comme des pyramides inversées : oui = ▼et non = ▲, avec des conséquences à l'inverse même de l'effort requis pour prononcer ces mots (pas forcément ce qu'on imagine, hein ?)

Dire oui est très facile car vous constatez immédiatement l'effet positif produit sur l'interlocuteur (celui qui demande). Mais il entraîne parfois des conséquences incalculables en terme de temps (oui, je veux bien t'aider à t'inscrire sur Meetic), parfois même d'argent (oui, je veux bien te prêter 800 euros pour te dépanner), pouvant être difficiles à gérer.

Dire non est plus difficile car vous percevez instantanément la déception du demandeur. Mais cela vous décharge aussi d'engagements qui pourraient s'avérer lourds de conséquences (non, je ne peux pas m'occuper de ton canari pendant ton année sabbatique en Indonésie). Le soulagement est donc quasi immédiat. Attention, il ne s'agit pas de dire non systématiquement ni de vouloir tout mettre sous contrôle, mais plutôt de garder une prise sur ce qui peut

À FAIRE SANS FAUTE !

1/ Ne répondez jamais dans l'urgence, laissez-vous le temps de la réflexion.

2/ Écoutez-vous, votre ressenti doit vous guider dans votre décision.

3/ Soyez diplomate, ferme mais en douceur. Inutile d'envoyer sur les roses celui qui vous demande un service, même s'il vous insupporte.

4/ Apprenez quelques formules que vous pourrez utiliser sans vous prendre les pieds dans le tapis. Par exemple : "Merci pour la confiance que tu m'accordes, mais j'ai déjà beaucoup de dossiers à gérer, j'ai d'autres priorités et je ne suis pas en mesure d'en prendre plus".

5/ Proposez des solutions alternatives. Votre bonne volonté n'échappera pas à votre interlocuteur.

l'être. L'ami, le conjoint, le voisin sera sûrement déçu, mais c'est peut-être cela qui lui permettra de chercher d'autres solutions et de ne plus vous solliciter à tout bout de champ.

La méthode pour dire non à votre chef ou à vos collègues reste la même. Seuls les enjeux et les craintes sont différents. Lorsqu'il s'agit de votre supérieur, c'est la peur de perdre votre travail qui surgit, tandis que face à un collègue, vous craignez d'altérer votre relation et d'engendrer une mauvaise ambiance de travail. Si ces risques sont réels, ils sont souvent surestimés.

12:30
LA VIE PAS MARRANTE DE JULIETTE

Je descends rejoindre Juliette qui m'attend dans le hall. Elle a une petite mine. Jolie, mais petite. On s'engouffre dans la première brasserie trouvée. Commande rapide, salade et coca *light*.

Elle s'excuse d'avoir écourté la conversation quand je l'ai appelée mardi soir, mais son homme n'aime pas qu'elle soit pendue au téléphone quand il est dans les parages. Il a besoin qu'elle soit totalement disponible quand il rentre du boulot. D'elle et de calme. Crevé par sa journée, il ne supporte aucun bruit. Alors elle l'attend, avenante et souriante. Les enfants sont briefés : une fois le bisou de bienvenue posé rapidement sur la joue paternelle, hop, dans leur chambre. Elle lui sert un petit verre d'alcool, s'assied près de lui et attend qu'il veuille bien lui raconter ce qu'il aura décidé de partager avec elle. Il bosse, elle non. C'est donc lui qui cause, c'est à lui qu'il arrive des choses. Intéressantes, ou pas. C'est sûr, son quotidien à elle est fait de contraintes et contingences familiales, ça n'a rien de palpitant.

Mais c'est sa vie, et elle l'aime bien, sa vie. Bouhouhou !!! Elle fond en larmes, une véritable hémorragie lacrymale.

Quand son premier enfant est né, Juliette avait un bon job dans lequel elle s'épanouissait, et une belle carrière en perspective. Le couple a décidé qu'elle se consacrerait pour un temps au bébé et à la maison. Plus confortable pour tout le monde, moins stressant pour elle. C'était il y a quinze ans. Aujourd'hui, ses deux enfants commencent à être indépendants, son rôle tel qu'elle le perçoit se cantonne à la logistique et à attendre que ses enfants et son homme rentrent pour être à leur disposition. Et elle s'en accommodait, tant que tout le monde en était satisfait. Le hic, c'est qu'aujourd'hui, son homme a l'air de lui en vouloir de mener cette vie-là. Il la regarde comme si elle était un plat de nouilles, lui reproche sa dépendance financière et semble oublier que cette situation était le fruit d'une décision commune. La voilà donc responsable de ce qu'elle est devenue, une femme à son service, et de la pression que représente le fait qu'il est le seul à gagner sa vie. Et pour couronner le tout, elle n'a rien à raconter ! Pas étonnant qu'il rentre de plus en plus tard à la maison, sans même la prévenir quand il loupe le dîner, et qu'il l'envoie bouler quand elle s'en plaint. « T'as qu'à trouver un truc à faire qui te passionne, ça t'occupera ! » Il en a de bonnes ! Ce qui la passionne, elle, depuis 15 ans, c'est son couple, ses enfants, le fait que la vie soit facile pour eux, qu'il y ait de l'huile dans les rouages. Et pas de grain de sable, jamais de grain de sable.

À FAIRE SANS FAUTE !

Il faut changer l'image de la femme au foyer !! Soyez honnête : quand on vous en parle, vous voyez quoi ? Plutôt une femme active "autrement", qui a choisi de se consacrer à sa famille par choix, ou une femme un peu coincée qui s'occupe de ses 6 enfants et de sa maison parce que son mari préfère qu'elle ne bosse pas ? Et c'est là que vous avez tort. Disons-le haut et fort : mère au foyer ne rime pas automatiquement avec femme dominée, et arrêter de travailler n'est pas une solution de facilité, c'est un projet de vie. Faire intégrer cette idée est un challenge qui se vit au jour le jour. Car outre le regard (interrogateur dans le meilleur des cas, condescendant dans le pire) de leurs contemporains, les MAF doivent parfois affronter un sentiment d'isolement, le manque de contact avec les adultes. Fort heureusement, elles s'organisent de plus en plus en réseau, sur le Web et dans les associations, où elles échangent, se rencontrent, se conseillent. Mais la route est encore longue pour faire que le choix de près de 2 millions de femmes au foyer ne remet en rien les principes d'égalité homme-femme, et qu'elles méritent de pouvoir annoncer la couleur sans rougir !

Mais là, elle arrive aux limites de son système de femme pivot. Le regard de son mari a changé et leur relation est devenue bancale. Il est en surchauffe le gars. Trop de boulot, trop de pression. Il se sent incompris – comment pourrait-il l'être puisqu'elle ne bosse pas ? –, prétend que le *burn-out* le guette. Elle le sent sur le fil du rasoir, prêt à faire n'importe quelle connerie : partir avec la première venue, quitter son job pour aller planter les oliviers dans le Sud, tout plaquer pour retrouver sa légèreté. Elle est paniquée, triste, déçue. Bien sûr, elle se sent coupable de ne pas être à la hauteur. Et elle a la trouille. La trouille qu'il l'abandonne, de ce que serait l'avenir sans lui. Alors elle en fait des tonnes tout en ayant l'impression que plus elle se dévoue, plus il se détache. L'éternelle histoire de l'œuf et de la poule. Ou de la poule et de l'œuf. Au choix.

J'essaie de mettre de l'ordre dans tout ce qu'elle me raconte. Il faut manifestement qu'elle change de tactique et démontre qu'elle existe par elle-même, et pas uniquement dans le prolongement de son mari ou de ses enfants. Après tout, la femme au foyer est une femme comme les autres ! Non ? Si...

C'EST LE PSY QUI LE DIT...

On la connaît, cette femme pluridimensionnelle, réglant tout, partout et pour tous sans que rien ne lui échappe de l'organisation de la maison, celle qui a appris à gérer les emplois du temps de ses enfants, de son mari, et même le suivi médical de ses parents, le déménagement de sa meilleure amie, la kermesse de l'école et la fête des voisins, et… et… et tout à la fois ! Cette femme souffre du syndrome de Wonder Woman. Elle prend plaisir à réaliser, à réussir, à maîtriser, à contrôler. Un plaisir grisant, voire addictif. On pourrait même se demander à quoi elle passerait son temps si elle acceptait de s'occuper un peu d'elle-même. Mais avant cela, il faudrait qu'elle prenne conscience qu'elle existe pour elle-même et pas seulement pour les autres. Elle représente une entité qui ne demande qu'à s'enrichir, qu'à s'épanouir, qu'à évoluer, et même qu'à se parfaire. C'est, d'ailleurs, en s'occupant d'elle-même, qu'elle se fera encore mieux apprécier.

D'aucuns pourraient penser que cette hyperactivité est un paravent diaboliquement organisé par son inconscient pour palier le vide sidéral dont elle se croit victime. Et, on le sait bien, la nature a horreur du vide. Ainsi, Wonder Woman remplirait ses manques internes, ses lacunes, ses failles narcissiques en s'occupant des autres. Les remerciements et les gratifications qu'elle espère recevoir en retour de ses services viendraient lui « tailler un habit » à la mesure de ce qu'elle aimerait représenter aux yeux des autres.

En définitive, au lieu de développer des qualités qu'elle pourrait entretenir et qui la rendraient singulière, elle s'occupe des autres pour se donner la consistance qu'elle ne sait pas acquérir autrement. Un peu comme une infirmière chevronnée qui ne saurait pas soigner la coupure qu'elle s'est faite à un doigt. Ses qualités ne servent qu'à autrui.

VOUS LE SAUREZ
POUR LA PROCHAINE FOIS...

1. Sans prise de conscience de cet état de réelle carence narcissique, point de salut ! Qu'on se le dise...Reconnaissez que vous en faites trop pour les autres dans l'espoir que cela puisse « porter ses fruits » pour vous-même.

2. Une fois que cette évidence est devenue une conviction – même si c'est une conviction qui vous est insupportable –, il faudra reconnaître que vous vous êtes trompée de cible. Vous ne voulez pas tant choyer les autres si ce n'est vous-même, en fin de compte. Celle qu'il faut bichonner, celle qui mérite qu'on s'intéresse à elle, c'est vous. Vous d'abord et avant tout. Bien sûr, vous aimeriez que les louanges viennent spontanément de votre chéri, de vos enfants, de vos parents, de vos amis, de votre boss, de votre boulangère. C'est clair. Mais si vous n'êtes pas prête à reconnaître vos propres qualités, vos mérites, il vous sera difficile d'entendre les autres le reconnaître. Car même s'ils les disent avec sincérité et spontanéité, ces paroles bienfaisantes vous passeront au-dessus de la tête. Pour être capable de recevoir amour, compliments et attentions en tout genre, il faut qu'il y ait une vraie place pour cela à l'intérieur de vous. Il va donc falloir apprendre à vous aimer.

3. Placez-vous face à un miroir, regardez celle qui se trouve face à vous. Il va falloir faire avec elle et vous dire que les années qui vont suivre valent le coup qu'elle prenne soin d'elle. Qu'elle mérite de plaire, de susciter l'envie, le désir

et, pourquoi pas, la jalousie. Encore une fois, y'a pas de mal à se faire du bien !

4. Quelques suggestions pour démarrer le processus : relancer des amies qui semblaient vous oublier (pour ça on laisse au placard son orgueil et sa fierté), organiser des soirées entre copines (même si ça joue parfois les chipies, personne n'est dupe, mieux vaut se défouler entre filles sur des futilités que de rester seule devant sa télé face à une émission futile), s'inscrire dans une salle de sport (on y trouve toujours un coach prêt à s'occuper des débutantes) ou tester les sites de sorties du type « OVS » (entendez : On Va Sortir) où de gentils organisateurs se chargent de dégoter des coins improbables ou originaux à découvrir, des restos abordables pour le plaisir de faire connaissance, des séances de ciné qui se terminent dans un bar, etc. C'est agréable de savoir que d'autres peuvent se charger de votre programme, non ? Y a qu'à s'inscrire ! Acceptez de vous laisser aller à ce délice : on s'occupe enfin de vous. Vous commencerez alors à apprécier que d'autres puissent penser à votre bien-être. À penser que vous en valez la peine, que vous le méritez. « Si les autres prennent plaisir à s'occuper de moi, c'est peut-être parce que je suis quelqu'un de bien ? Tiens ! je commence à y croire un peu. Je crois même que je commence à m'aimer un peu... beaucoup... passionnément... » On va s'arrêter là.

14:45
AU REVOIR, JULIETTE

Je quitte Juliette après lui avoir fait un gros câlin. Vu l'intensité de notre étreinte, on ne doit pas lui en faire souvent, des câlins…

VOUS LE SAUREZ
POUR LA PROCHAINE FOIS…

Eh pssst, vous voulez connaître un secret : il n'y a pas que le sexe dans la vie, il y a aussi… les câlins ! Si, si ! Pas besoin d'être en couple pour en faire : ami, collègue et même animal de compagnie, tout est bon pour vous faire du bien ! Alors, toutes à vos *free hugs*, ils sont bons parce que :

1. C'est un antistress. Cela permet de relâcher la tension en baissant la pression artérielle et le rythme cardiaque. Vous allez vous sentir d'un coup très très détendue !

2. Ça rend heureux. C'est chimique : faire un câlin produit de la dopamine, l'hormone du plaisir, et de l'ocytocine, le fluide de l'attachement et du sentiment de réconfort. On en redemande !

3. Ça booste le système immunitaire. Un petit coup de peau à peau (ou de peau à poils, c'est vous qui voyez) et vos anticorps vont faire la fête !

4. C'est un rempart contre la déprime et la dépression.

Recevoir de la tendresse et de l'attention (et en donner) est hyper important pour être bien dans sa peau. Et puis, le contact physique, c'est quand même mieux que se faire liker sur face de bouc par plein d'amis virtuels, non ?

5. C'est un moyen infaillible pour se muscler les bras (nan, on rigole !)

6. Ça permet de se reconnecter à soi (et aux autres...). Avec les câlins, on est dans les sensations, on ne pense plus, on profite du moment présent. On se recentre sur son moi profond. Ouvrez vos chakras !

7. Ça permet de faire durer une relation amoureuse. Eh oui, on vous le disait, il n'y a pas que le sexe dans la vie ! Les études montrent que faire le plein de câlins dans un couple permet de faire durer les choses et rend, en plus, le sexe plus agréable.

Alors, la prochaine fois qu'un proche vous demandera ce qu'il peut faire pour vous et que vous ne saurez pas trop quoi lui répondre, pourquoi ne pas simplement lui dire : « Fais-moi donc un câlin ! » ?

15:30
MACHO MEN : KO !

Séance de travail efficace, ils sont en demande, boivent mes paroles et écoutent mes conseils comme deux écoliers qui n'auraient pas fait leurs devoirs. Ils sont presque pathétiques.

Ça me fait un bien fou de me sentir plus forte qu'eux. Ça ne change rien ni à mon salaire ni à la reconnaissance de mon boss. Mais, en fait si, ça change tout. Mon regard sur moi-même s'imprègne d'une bienveillance positive, et ça me donne de la force. Pour le boulot et pour tout le reste. Pour la première fois de la semaine, je ne me sens pas à la traîne, mais carrément en avance. Échec et mat, les mecs !

17:00
BIENTÔT LA QUILLE

Sous prétexte de passer chercher un dossier dans le bureau mitoyen de celui de Marc, je prends des nouvelles de sa fille. Rien de grave semble-t-il, il me remercie et me déclare tout de go que c'est très rassurant pour lui que je bosse dans cette boîte. Rien de plus. Mais rien de moins. On est vraiment en phase. Pour moi aussi c'est rassurant qu'il soit là maintenant.

17:30
J'APPELLE MAMAN RAPIDO

Juste pour lui dire que tout va bien et que j'aimerais la voir un de ces jours pour qu'on se parle tranquillement. Ce week-end ça va être compliqué parce qu'elle se verrouille de partout en présence de Benoît. Mais oui, un déj la semaine prochaine, très bonne idée. Elle me remercie de mon appel avant de raccrocher. Ça m'agace qu'elle me remercie systématiquement quand je l'appelle ! Je suis sa fille non ? !

Elle n'a pas à me remercier de quoi que soit. À se demander si ce n'est pas elle qui m'a refilé ce complexe de la gentille fi-fille.

17:45

DÉFENDRE LA VEUVE ET L'ORPHELIN

Ça me prend comme une envie de faire pipi. Je décide donc d'envoyer un mail au mari de Juliette, qui, outre être son époux, est un ami de très longue date (c'est même moi qui les ai présentés l'un à l'autre). Je lui propose qu'on se voie ou qu'on s'appelle, prétextant que ça fait longtemps que l'on ne s'est pas parlé et que ça me manque.

Il ne lui faut pas 10 minutes pour me rappeler, manifestement ravi. Après les banalités de rigueur, je l'amène gentiment mais sûrement sur le terrain qui m'intéresse : son état moral.

Je ne lui parle pas du déjeuner avec Juliette ni de l'inquiétude et de la tristesse qui l'étreignent. Je lui parle de lui. Il m'explique par le menu son boulot, son stress, sa peur de manquer et de ne pas être à la hauteur des attentes de sa femme, de son statut de pilier qui commence à se fissurer. Il en a ras la casquette, quoi ! Il a vu toute son enfance sa mère se consacrer à sa famille, jusqu'à se dissoudre dans cette image la *mater familias* sans failles et sans reproches, et il ne veut pas que Juliette suive le même chemin. Oui, il admet que la décision qu'elle arrête de bosser était commune, mais, maintenant ça suffit. Il ne veut plus de ce schéma. Il est tombé amoureux et a épousé une battante, il dit se retrouver aujourd'hui avec un chewing-gum qui lui colle aux semelles. Que les attentes de sa femme sont pesantes, que lui aussi a besoin d'un peu de légèreté. Qu'il en a assez d'être le seul à aller chasser le mammouth. Qu'il en a plus que marre de ne sentir aucune résistance chez Juliette et que de la sentir tellement dépendante le fait flipper. Eh ben ! En voilà un beau discours. L'envers du décor... Je suis un peu sous le choc, mais je respire un bon coup avant de me lancer à mon tour.

J'avance mes arguments sur la pointe des pieds, notamment qu'il a beaucoup de chance d'avoir une femme si disponible et si gentille, et que ça lui facilite bien la vie quand même. Sa réponse, balancée dans un rire cynique, me glace : « Oui, t'as raison. Je n'aime pas dire du mal des gens, mais effectivement, elle est gentille. » La solution serait donc que Juliette, la gentille et douce Juliette devienne une garce qui ne pense qu'à elle ? C'est ça qui le rassurerait ? Qu'il sente que la partie n'est pas gagnée d'avance ? C'est ça qu'il veut ? Merci Père Noël, t'es une belle ordure !

C'EST LE PSY QUI LE DIT...

Garce, chipie, harpie, mégère... j'en passe et des meilleures. Des mots terriblement moches et machistes, mais si on réfléchit bien à leur sens bien caché, on peut y voir autre chose : une femme volontaire, désireuse de maîtriser sa vie, d'être épanouie, de l'assumer et de le faire savoir. Être une garce peut donc être considéré comme une qualité ? En quoi certains hommes y voient un atout chez une femme ?

Certains attendent de leur compagne une relation de réciprocité, de symétrie et ont besoin de répondant, de « punch ». Ce type d'homme aime que sa partenaire pense à elle, au risque qu'elle en devienne égoïste, qu'elle ait des envies, des désirs, qu'elle lui échappe même un peu, qu'elle le malmène aussi, le challenge et le dépoussière pour ne jamais risquer la routine.

20:00
UNE IDÉE LUMINEUSE.

Je propose à Benoît de l'inviter au restau. Il n'en revient pas. Dîner dehors deux soirs de suite !? Oui, oui, c'est moi qui régale ce soir, c'est moi qui choisis. Oui, on rentrera tôt et on mangera léger. Je sais que tu fais du sport demain matin. Mais moi, j'en ai marre de parler de mon couple avec mes copines. C'est avec toi que j'ai envie d'en parler.

21:30
ET C'EST LE BIDE

J'ai tâté le terrain en commençant par lui parler de Juliette, orientant mes questions sur l'équilibre complexe entre vie familiale et vie professionnelle, glissant une allusion sur notre couple pour finir par le noyer de questions. La réponse est *light* : « ben, ch'ais pas moi. Oui, elle est cool notre vie et puis chacun fait ce qu'il veut, non ? »

Heureusement que les copines existent.

C'EST LE PSY QUI LE DIT...

Bon nombre de mésententes conjugales se terminent par des séparations. La raison principale ? L'absence de communication dans le couple.

Vous prétendez ne pas avoir de temps pour échanger avec votre conjoint, or vous pouvez passer des heures devant la télé ou sur votre tablette. Vous imaginez que parce que vous vivez ensemble, l'autre doit savoir et comprendre vos intentions, vos fantasmes, vos envies, vos gênes... Alors que vous restez totalement muette !

Et lorsque vous vous dites qu'il a changé et qu'il n'est plus le même depuis quelque temps, vous ne pensez même pas à le lui faire remarquer et le lui reprocher pour qu'il change. La télépathie, on vous l'apprend peut-être, n'existe pas !

Sachez-le : aussitôt que la communication vient à manquer dans un couple, elle le tue. Il est donc primordial de la maintenir bien vivace.

VOUS LE SAUREZ

POUR LA PROCHAINE FOIS...

Quelques conseils pour ressusciter ou simplement maintenir la communication dans votre couple.

1. Instaurez une soirée hebdomadaire à deux (sans télé ni ordi, oui, ça va être dur !) pour discuter des obligations domestiques, de l'intendance, des rendez-vous pris chez le médecin ou à l'école, des finances, des démarches mais aussi des projets à court terme ou des invitations à prévoir.

2. Aussitôt que vous vous sentez fatiguée ou moins disponible, indiquez-le à votre conjoint et même aux Nains, cela donnera du sens à votre nervosité ou votre isolement (« je suis hyper énervée, laissez-moi tranquille, je vais prendre un bain... oui, pendant deux heures ! »).

3. Prenez toujours du recul avant de lui tomber dessus. Il comprendra ainsi que vous savez marquer un temps de réflexion pour mieux le ménager (et l'achever plus tard, la vengeance est un plat qui se mange froid !).

4. Sachez écouter aussi ses reproches si vous le sentez juste dans son ton et ses propos.

5. Apprenez à lui demander de vous excuser quand vous avez dépassé les bornes, et reformulez plus délicatement vos reproches (« Chéri, mon amour de mari, je suis un peu

froissée par le fait que tu as invité ta chère maman sans m'en parler... »).

6. Félicitez votre homme pour sa disponibilité et montrez-lui que sans ces moments de communication, votre couple risquerait de s'effilocher. Dites-lui combien ils vous sont précieux.

7. Répandez la bonne parole autour de vous ! Expliquez à vos amies votre fonctionnement, ça ne pourra que les aider dans leur couple.

22:00
QUESTION DU SOIR, BONSOIR !

Le nez dans mon bouquin, je lis et relis la même phrase 15 fois de suite. La semaine a été dense et a mis au jour des questions qui étaient jusque-là bien enfouies. Est-ce que je ne fais pas fausse route ?

TEST

QUELLE COLLÈGUE ÊTES-VOUS ?

1. Quel est votre cadre de travail préféré ?

● Peu importe, du moment que je ne suis pas loin de mon boss.

■ Le télétravail pour gérer mon boulot à mon rythme sans perte de temps en papotage.

▲ Travailler en *open space* collés-serrés avec les collègues pour créer une saine émulation.

---

2. Une de vos collègues est en galère de boulot, elle ne s'en sort pas et doit aller cherche son fils chez la nounou.

■ Vous lui expliquez que sa vie perso passe avant tout et l'encouragez à reporter à demain l'urgence d'aujourd'hui.

▲ Vous faites le tour des bureaux et battez le rappel pour que chacun mette la main à la pâte pour l'aider.

● Vous arrêtez ce que vous étiez en train de faire pour lui donner un coup de main, et tant mieux si vous récoltez les lauriers à sa place.

---

3. À l'heure de la pause.

▲ Vous papotez avec tout le monde autour d'un café en ricanant et en « gossipant » allègrement.

■ Vous en profitez pour passer vos coups de fil perso enfermée dans un bureau.

● Vous cavalez à la première boulangerie pour rapporter des chouquettes à votre boss.

---

4. C'est votre anniversaire.

● Vous venez avec votre gâteau et invitez vos meilleures copines de travail prévenues au dernier moment.

▲ Vous lancez des invit' une semaine à l'avance pour un pot géant en précisant bien que c'est votre anniv'. (ça suffit une semaine pour faire une cagnotte, hein ?)

■ Pas d'histoires privées dans la sphère pro.

5. Vous refusez de copiner avec :

■ Vos collègues.

● Les stagiaires.

▲ Vous copinez avec tout le monde, pourquoi ?

6. Grosse présentation en réunion. Votre collègue Marcel avec lequel vous l'avez préparée tire la couverture à lui et reprend tout le travail à son compte.

■ Vous prenez la parole en pleine réunion afin que personne ne soit dupe.

▲ Vous rongez votre frein sans même lever les yeux de votre ordi.

- Vous attendez la fin de la réunion pour coincer Marcel et la Direction afin d'avoir une franche explication.

RÉSULTATS

Vous obtenez une majorité de ▲

VOUS ÊTES CUPIDON

Tel un angelot nu avec des ailes dans le dos, vous lancez des flèches d'amour-*love* à tout le monde. Grâce à vous c'est la Saint-Valentin permanente. On se demande même pourquoi le gouvernement n'a pas fait appel à vous pour régler les problèmes du chômage. Vous aimez le rose, les paillettes et les stylos qui sentent la fraise. En fait, vous n'êtes pas Cupidon, non, vous êtes Barbie.

Vous obtenez une majorité de ●

VOUS ÊTES HERMÈS

Le messager des Dieux (*aka* votre boss), c'est vous ! Vous aimez lui lécher les bottes, lui faire la danse sensuelle de Rita Hayworth dans *Gilda*, bref, le mettre dans votre poche. Attention tout de même à ne pas vous prendre les pieds dans le tapis en faisant des courbettes, vous risqueriez de perdre un œil (ce qui serait très con puisque vous êtes l'œil de Moscou)…

Vous obtenez une majorité de ■

VOUS ÊTES… CHIANTE

Quelle idée aussi de décider d'aller au boulot alors que clairement, vous aimeriez mieux vous pendre que de passer une journée de plus avec des emmerdeurs de première ? Faites comme Héphaïstos et restez dans votre grotte !

SAMEDI

7:00 (MOINS UN CHOUIA) UN RÊÊÊÊVE BLEUEUEU…

Je suis allongée sur une plage de sable blanc, les vaguelettes d'une mer bleu azur viennent lécher mes orteils. Allongé à côté de moi, Marc (mon DRH, pas mon frère !) me caresse les épaules délicatement. Le soleil est chaud et ma seule préoccupation est de savoir si je retourne me baigner maintenant ou si je profite encore un peu plus de ce délicieux moment. Je me sens légère comme une plume, grillée et appétissante comme un petit pain d'épice, gaie comme un pinson des îles (quelle que soit l'île où je me trouve, il doit bien y avoir une espèce de pinson dans le coin).

Chacune de mes cellules est à sa place, je suis ancrée dans la vie. Tout est bonheur, calme et volupté… Le kif absolu.

Au loin, j'entends le vrombissement d'un moteur. Sûrement un bateau qui approche. Ça doit être l'heure du ski nautique. La perspective d'une bonne glisse sur l'eau me plaît. Mais bon, il fait un boucan d'enfer ce bateau. Ça doit être un yacht. Un magnifique yacht super puissant. La vache ! N'empêche, c'est quand même bizarre tout ce raffut…

J'ouvre un œil. Ce n'est que le vrombissement du smartphone que Benoît a réglé pour se réveiller à 7:00

pétantes ! Mais c'est pas vrai, ça, on est samedi oui ou crotte ?! Et tout ça pour rejoindre sa bande de potes qui n'ont rien d'autre à faire que de planter leur nana pour aller pédaler en rond les uns derrière les autres, à la queue leu leu.

Je l'entends se lever en râlant qu'il est trop tôt. Ben oui, mon p'tit chou, personne ne t'oblige à te lever aux aurores pour aller chevaucher ton vélo. Personne ne t'oblige non plus à te mouler dans du lycra et à te raser les guiboles.

Go, mon gars, Go GO GOOOOOO ! Laisse-moi me rendormir, s'il te plaît, mon yatch m'attend... « Sur la plage abandonnée, coquillages et crustacés.... »

9:45
TOUS À POIL !

Je n'ai retrouvé ni Marc, ni la mer, ni les coquillages... Mais je me suis rendormie suffisamment longtemps pour faire un autre rêve, un peu moins sympa celui-là !

J'arrivais en retard à une réunion hyper importante où je devais faire une présentation à toute la boîte (que je n'avais bien entendu pas préparée), et j'étais... totalement à poil ! Grand moment de solitude. Le plus bizarre, c'est que j'étais la seule à me préoccuper du fait que j'avais les fesses à l'air, l'assistance restant sans réaction notable. Je me suis réveillée au moment où j'arrachais de la chaise où il était posé le manteau d'Alexandra.

Bon, ce coup-ci pas de regret à sortir des bras de Morphée (à défaut des bras de Benoît). Il faudrait quand même que je note mes rêves. Ça doit vouloir en dire long sur ce qui grouille dans mon inconscient. Ou mon subconscient. C'est pas très clair cette histoire… Au moins je me souviens de mes rêves, moi. Je connais tout un tas de gens – à commencer par l'individu qui partage ma couette – qui ne s'en souviennent pas. Et je trouve ça hyper louche.

C'EST LE PSY QUI LE DIT…

Les rêves et leur interprétation : vaste sujet qui intéresse bon nombre de personnes désireuses de comprendre pourquoi elles rêvent de licorne toutes les nuits, de se faire enlever par un gorille, ou dans ce cas précis, d'arriver en retard à une réunion tout…

Notre fonctionnement psychique est réparti en trois étages : le conscient, le préconscient et l'inconscient.

Le monde réel et concret dans lequel nous vivons, respirons, pensons et agissons appartient au fonctionnement conscient. Mais nous sommes aussi régis et animés par un domaine plus secret et opaque qui réside en nous : l'inconscient.

C'est du monde souterrain de l'inconscient que certaines de nos actions, de nos paroles, surgissent, sans que nous nous en rendions compte. Nombre de mouvements, nombre de pensées nous échappent. C'est, par exemple l'inconscient qui nous fait rater un rendez-vous ; c'est encore lui qui nous fait trébucher sur les mots, nous fait dire une bêtise ou nous fait révéler le secret qu'on voulait tant cacher.

Cependant, entre la cave et le rez-de-chaussée, un entresol, mince et fragile, fait office de tampon, d'amortisseur et même de filtre. Il scanne tout ce qui remonte du bas vers le haut (de l'inconscient vers le conscient, donc). Il décortique comme il peut les mauvais coups, les désirs fous, les fantasmes impossibles, et même les gentillesses et les amours tendres. Il ne laisse rien passer. Il se demande toujours si le propriétaire des lieux supportera la remontée de l'intrus à la surface. Cet entresol s'appelle le préconscient et il est essentiel à notre survie psychique. Il nous empêche un laisser-aller anarchique et c'est peut-être mieux ainsi !

Prenons un exemple : la culpabilité. Ce sentiment émane du travail à l'œuvre entre le désir (qui provient de l'inconscient) et la morale (qui provient du conscient). Le préconscient organise un compromis judicieux et nous installe dans la culpabilité (sentiment complexe entre le désir et l'interdit). Ainsi, on se retient de commettre l'acte que nous risquerions de regretter. Il nous empêche d'aller trop loin, de se prendre pour quelqu'un de tout puissant. Mais parfois, le préconscient a des *bugs*. Il arrive qu'il soit débordé, qu'il se laisse submerger par les bouillonnements volcaniques de l'inconscient. C'est là que le lapsus sort, qu'un acte manqué voit le jour…

Comme l'esprit humain est bien fait, il a inventé un outil extraordinaire, une sorte de soupape qui empêche la cocotte d'exploser : le rêve. Le rêve n'est autre qu'une scène de théâtre où va enfin se jouer ce qui n'a pu se réaliser en état de veille.

Nos craintes, nos obsessions, notre colère nous empêchent souvent de trouver une réponse ou une solution aux questions de la vie (demander une augmentation à son patron, espérer recevoir des fleurs de son mari, devoir supporter sa belle-mère le dimanche…). Toutes ces « choses de la vie » contiennent leur lot d'insatisfactions et quantité de frustrations. Pour les traiter, l'esprit humain va se servir du rêve, qui va les jouer (ou les rejouer) lorsque nous serons « absents », endormis. Le rêve est alors salvateur…

Revenons donc à cette histoire de rêve dans lequel on se retrouve à poil en salle de réunion.

Il en dit long sur son manque de confiance en elle et son sentiment d'être illégitime au boulot. Dès le début du rêve, avec ce retard à la réunion, on comprend que notre Wonder Woman ne se sent pas prête. Elle voudrait même éviter de s'afficher face au *staff* complet. Plus tard dans le rêve, elle se rend compte qu'elle est nue. Ce genre de rêve, assez fréquent, indique combien on redoute d'être « mis à nu » par les autres, qui verraient ainsi nos failles, nos manques et nos incompétences.

On croit toujours que l'autre sait tout, comprend tout, voit tout. Bien sûr, c'est faux. Mais on est tellement désireux de réussir, de ne surtout rien rater devant les autres, que le manque de confiance oriente le scénario du rêve vers une représentation inconsciente de fragilité et de vulnérabilité.

Dans cette tenue d'Ève, on se sent observé, scanné, « à découvert ». Et la machine s'emballe : « Et si les autres savaient mieux que moi ce qu'il faut dire ? Et s'ils repéraient mes approximations ? Comment savoir si j'ai raison, si mes propos ont du sens ou pas ? En fait, je suis inconsistante, vide comme une potiche. J'ai l'impression de les tromper. Ils ne gobent même plus mon topo. Normal ! C'est pipo, c'est du faux. C'est grave ! J'usurpe mes collègues. Je suis une usurpatrice. C'est ça ! »

Et voilà le complexe de l'usurpateur/trice qui pointe son nez. Or, n'est pas usurpateur qui veut. Il faut savoir qu'un usurpateur, un imposteur, un vrai, est quelqu'un qui s'installe dans la personnalité d'un autre. Il est souvent là, prêt à plonger à la place attendue. Puis, une fois son affaire réalisée, il cherche une nouvelle panoplie. Une sorte de bernard-l'hermite dans le monde des humains. Sa personnalité est fourbe, plastique, changeante, et donc déroutante. Lui seul retombe toujours sur ses pieds ; pas nous.

Notre chère Ève se croit usurpatrice, mais il n'en est rien. À quoi lui sert ce complexe si encombrant ? Car il faut savoir qu'il y a toujours un bénéfice secondaire à tout symptôme, à tout complexe. Dans son cas, on peut supposer que cette peur d'être démasquée en public l'aidera à s'affirmer plus, à mieux préparer son prochain topo, à reprendre confiance en elle.

Tout ça pour ça, me direz-vous ? Oui, exactement ! Et pourquoi pas ? N'est-ce pas comme cela que les enfants avancent en classe ? N'est-ce pas la crainte de sécher à une interro, de rester sans voix lorsqu'ils montent au tableau qui les fait redouter le zéro pointé ? Et ensuite, décevoir les parents, puis craindre qu'ils lui retirent une part de leur affection ? C'est cette peur de perdre l'amour parental qui nous anime tant lorsque nous craignons d'usurper et de devenir un imposteur démasqué. Perdre l'estime des autres et du même coup, la nôtre.

VOUS LE SAUREZ

POUR LA PROCHAINE FOIS...

Comment bien comprendre ses rêves pour qu'ils vous servent à quelque chose ?

Voici quelques conseils simples pour avancer.

1. Sur une feuille (format paysage), tracez 3 colonnes. Au centre, inscrivez votre rêve avec tous les détails qui vous reviendront. Dans la colonne de gauche, rapportez les faits et pensées marquants des 2 ou 3 jours précédents. Et dans celle de droite, après avoir relu votre rêve, déposez toutes les impressions qu'il vous inspire, spontanément, sans retenue.

2. Vous aurez ainsi un tableau où figurent :
   1/ le contexte des jours précédant le rêve (conflits, paroles douces ou problématiques, ironie et hypocrisie, fantasme, rencontre, espoir ou rupture, etc.) ;

2/ le film, qui est bien sûr une fiction arrangée et même amplifiée de cette réalité conflictuelle ;
3/ les pensées inspirées par le rêve.

3. Une fois votre tableau terminé, vous préparerez vos gants de détective, votre loupe d'entomologiste et vous installerez sur votre divan freudien, bien en place. À la lecture des événements qui se sont déroulés la veille ou dans la semaine (colonne de gauche), vous tenterez de repérer si des points particuliers ressemblent de près ou de loin à ceux du rêve dont le récit se trouve dans la colonne centrale. Si oui, soulignez-les et tracez des liens entre eux. Cela vous permettra de confirmer que le souci ressenti dans la semaine est passé en mode « résolution du conflit par le théâtre de l'inconscient ».

4. Puis, grâce à la colonne de droite (celle des impressions ressenties), vous déduirez si telle parole, tel acte ou tel dénouement a pu produire un apaisement ou au contraire une déflagration, un meurtre, ou pire, votre réveil (empêchant l'issue du conflit d'aboutir et de vous soulager). Petit à petit, vous apprendrez à connecter telle ou telle partie du rêve à la réalité en dépouillant les scènes de leur caractère fantasmagorique.

10:15
LE SAMEDI, JE FAIS LE MARCHÉ...

J’aime pas trop aller au marché, mais il faut de temps en temps manger frais, non ? J’aime pas parce que ça crie, ça pousse, on se prend des caddies dans le tibia, des poussettes dans les mollets et des odeurs plein les narines.

Bon OK, parfois, on grignote des petites tranches de saucisse sèche à l’étal du charcutier, des cubes de melon chez le primeur. Mais on repart aussi avec 3 kilos de clémentines alors qu’on n’en voulait qu’un seul parce que « franchement ma p’tite dame, c’est une super affaire, 3 kilos pour 6 €, elles sont sans pépins, des vrais bonbons ».

Bref, j’aime pas trop aller au marché. Autant me débarrasser le plus vite possible de cette corvée. Je prendrai ma douche plus tard. La probabilité que je croise quelqu’un que je connais est infime, donc je m’en fous de sortir le cheveu gras et l’œil bouffi.

Je laisse un mot aux enfants pour leur dire que je suis partie faire ma balade de santé et que des viennoiseries sorties du congélo les attendent. Merci qui... ? En même temps, depuis toutes ces années, ils savent où je passe mes samedis matin, les Nains. Je les soupçonne même de faire semblant de dormir pour ne pas risquer d’avoir à m’accompagner.

11:45
RETOUR À LA MAISON

Avec les bras 3 fois plus longs qu'en partant ; c'est trop lourd tout ça. En plus, le charcutier n'avait pas de saucisse à faire goûter et c'est pas la saison du melon...

Je hurle en ouvrant la porte qu'au secours, j'ai besoin d'aide et magnez-vous bande d'ingrats ! Ils arrivent très tranquillement, pas stressés pour deux balles, c'est beau la jeunesse ! Je les laisse tout ranger et pars me prendre une bonne douche.

12:30
UNE CORVÉE EN MOINS

Je sors de ma salle de bains pimpante, détendue et soulagée que cette épreuve du samedi matin soit derrière moi. J'imagine la tête de Benoît s'il me prenait l'envie d'inverser les rôles. Si je le réveillais tôt pour aller à mon cours de gym suédoise ou autre zumba. Si je lui laissais le frigo et les placards à remplir, et pire, si je lui demandais d'anticiper les repas de la semaine. Je pense qu'on finirait par manger du maïs à chaque fois, comme les poules. En même temps, je suis bête, qu'est-ce que je risque à essayer ? Au pire, s'il se transforme en gallinacée, je pourrai toujours aller au bistrot du coin manger un bon steack-frites !

13:00
FREE STYLE

Chacun est libre de piocher dans le frigo ce qu'il veut, moi la première. C'est la deuxième fois cette semaine, y'a du relâchement !

La seule contrainte que j'impose aux Nains est qu'ils ne mangent pas quatre yaourts d'un coup, ni tous les fruits (enfin, pour ça, y'a pas trop de risque, ils préfèrent se bourrer de gâteaux que de manger cinq fruits et légumes par jour), bref de tenter d'équilibrer un peu leur repas pour leur santé et aussi (surtout ?) pour ne pas me retrouver qu'avec des endives et du thon en boîte au bout de 24 heures.

14:15
LA SORTIE DU SAMEDI

J'appelle ma Grande pour lui proposer de passer à la maison afin qu'on ait cette conversation qu'elle me réclame sur sa relation avec son jules. Bon, faut être honnête, je ne sais pas exactement ce que je vais bien pouvoir lui dire sur ce dernier point, mon couple avec son père n'étant pas non plus une référence en la matière... Enfin, c'est ce que je commence à me dire....

Répondeur. Quasi normal à 14:00 et des brouettes, elle s'est certainement couchée aux aurores pas vraiment fraîche-fraîche. Je fais un petit rétroplanning (ça me rappelle le bureau) pour voir combien de temps libre il me reste avant de préparer notre dîner entre copains de ce soir.

Je ne prends pas Ben en compte : je ne sais jamais l'heure à laquelle il va rentrer. Ça fait à peu près sept heures qu'il pédale, on va le retrouver à l'autre bout du pays un de ces jours ! Je le soupçonne d'aller boire des coups avant de rentrer au bercail : impossible de passer autant de temps sur une selle de vélo, à moins de vouloir se faire pousser une troisième coucougnette (ah mais c'est très sérieux, je l'ai lu sur Doctissimo !) ou se bousiller la prostate... J'en ai mal pour lui !

J'ai trois bonnes heures devant moi, pour moi et les Nains qui auront envie de me suivre.

La Moyenne Grande a des potes à voir et le Plus Petit resterait bien collé à sa môman. Mais rien de ce que je lui propose ne lui convient. Lui, ce qu'il voudrait, c'est aller au cinéma voir le dernier film d'animation. Je déteste ça les films d'animation, c'est Ben qui s'y colle habituellement. Mais Ben est occupé, il fait le Tour de France.

Ça ne m'emballe pas mais quand mon petit Nain fait les yeux du chat dans Schrek, je fonds. La séance est dans trois quarts d'heure, parfait, on y go. Il est content mon petit chat. Moins quand je me mets à ronfler...

16:30
« J'AI MAL PARTOUT, C'EST TRÈS GRAVE ! »

C'est à peu près la teneur des quatre messages laissé par mon cher époux sur ma boîte vocale. Il se demande en plus pourquoi personne n'est à la maison (*Sorry*, je n'ai pas pensé qu'un comité d'accueil te ferait plaisir). Il geint qu'il a mal aux mollets et aux fesses (tu m'étonnes !), et me demande de passer à la pharmacie lui acheter de l'aspirine et de l'huile de massage, parce que là, vraiment, il est à l'agonie.

C'EST LE PSY QUI LE DIT...

« Chérie, c'est horrible, je ne me sens pas bien du tout, je pense que je ne vais pas aller travailler ce matin, j'ai mal à la tête, j'ai le nez qui coule, je me sens maaaal ! »

Que celles qui n'ont jamais entendu leur homme se plaindre en geignant qu'il a un rhume et qu'il va mourir lèvent le doigt ! Aucune ? Bien, vous êtes donc dans la norme des 99,9 % des femmes qui doivent se coltiner un quasi mourant pleurnichard dès qu'une courbature ou virus pointent le bout de leur nez.

Mais pourquoi les hommes aiment-ils donc tant faire les chochottes au premier bobo ?

Il faut quand même se souvenir qu'avant de devenir des rugbymans et des Apollons (bon, c'est vrai, tout le monde n'a pas Brad Pitt dans son lit), ces hommes ont été des enfants comme tout le monde.

S'ils ont oublié s'être habillés en taille 6 ou 8 ans, les bobos, égratignures et autres chutes, eux, sont marqués dans leur corps. Ce ne sont pas tant les cicatrices qui leur restent qui les amènent à se plaindre aujourd'hui, aussitôt qu'ils se sont coupés en beurrant leur tartine ou avec un coupe-ongles. Ce sont plutôt les soins que leur prodiguait leur Maman chérie et qui accompagnaient ces pleurs et ces douleurs d'enfants.

Pansements, bisous, câlins et autres veillées au coin du lit, tous ces bons moments avec la plus merveilleuse des infirmières du monde, Maman, sont marqués pour toujours dans leur corps et dans leur tête… On les entendrait presque nous dire « Maman, euh… Chérie, tu peux m'apporter un pansement, je me suis fait un bobo. Euh… je me suis coupé ». De grands enfants, ces mecs !

Mesdames, avouez que malgré votre agacement, vous craquez un peu (beaucoup ?) face à ce Superman qui parle fort et ressemble à un gros nounours dès qu'il vous appelle à l'aide parce qu'une goutte de sang apparaît sur son petit doigt. Quel délice d'avoir à ses côtés un homme, un vrai, fort, viril et séduisant, mais en même temps tendre et sensible. Sa fragilité, lorsqu'il ose la montrer, vous enchante et vous ravit. Enfin, seulement lorsque c'est à vous qu'il montre ses fragilités ! Pas question qu'une autre joue les infirmières pour lui !

VOUS LE SAUREZ
POUR LA PROCHAINE FOIS…

Même si vous êtes agacée par son attitude et que vous aimeriez bien qu'il prenne un peu sur lui, essayez d'être conciliante et de vous adoucir un peu.

1. Supportez et même apprenez à apprécier ces tendres moments de plainte de votre homme. Jouez à la maman infirmière. Laissez-lui imaginer qu'il a trouvé un bout de cette mère qui accourait avec le flacon de Mercurochrome et la boite de pansements. Il aime ça et... vous aussi (allez, avouez-le !).

2. Ne vous moquez pas de lui ! Faites juste semblant d'y croire. Ça le calmera, l'amadouera et qui sait, peut-être plus si affinités (oui, oui, le fantasme de l'infirmière est toujours vivace chez bon nombre de ces messieurs...).

3. N'évoquez pas devant lui cet aspect infantile de sa personnalité. On le sait douillet et plaintif, inutile de le lui rappeler à haute voix. Donc, la petite phrase que vous aimeriez tant lui susurrer (« alors, qu'est-ce qu'il a le petit bébé qui a mal à son bobo et qui veut que sa môman le soigne... »), c'est tout simplement im-pos-sible ! À proscrire. Soignez-le si vous voulez, mais sans dire un mot ! Oui, on sait, ça va être dur.

17:00
NE FAIS PAS COMME TON PÈRE !

Bob est sous la douche, son tas de fringues en polyester bariolé en boule au pied du lit. Il n'a donc toujours pas compris que les fringues sales ne vont pas se jeter toutes seules la tête la première dans la machine. Je laisse son tas là où il l'a déposé et je vais chercher mon Nain numéro 2 pour

lui expliquer que ça ne se fait pas, et que quand il sera grand, il ne faudra pas qu'il soit comme son papa.

Bon, je sais, je trahis le sacro-saint front commun des parents, mais quelquefois, impossible de faire autrement. Même pas honte en plus !

Je lui énonce quelques vérités un peu oubliées : le frigo ne se remplit pas par l'arrière ; les fringues ne se lavent pas toutes seules ; la machine à laver la vaisselle ne sait pas où se range ce qu'elle lave ; les lits ne se font pas tout seuls ; les chiens vivant en appartement ne savent pas ouvrir les portes fermées à double tour pour aller se promener tout seuls ; aucun fer à repasser ne sait fonctionner tout seul.

Bref, tous ces petits riens qui font le quotidien et que je suis la seule à me coltiner. Vivement notre mise au point sur l'organisation familiale, ça urge !

17:30
J'DIS ÇA, J'DIS RIEN...

Benoît sort de la douche. C'est pas faux son problème de cheveux, il en a quand même vraiment beaucoup moins qu'avant. Je ne dis surtout rien, mais je l'imagine déjà obligé de se raser la boule à zéro pour dissimuler sa calvitie...

Mon Nain n°1 rentre à la maison, manifestement ravi de son après-midi avec ses potes. Elle a l'œil brillant, je me demande

À (NE PAS) FAIRE SANS FAUTE !

Il est important pour vous ainsi que pour vos enfants de savoir poser les limites quand vos enfants vous demandent un conseil, de l'aide, une oreille compatissante. Il est impératif d'installer une barrière infranchissable qui doit tenir compte de l'intimité naissante de votre enfant. Cette intimité se situe à la porte de sa salle de bain et de son lit, elle se situe aussi aux mails et aux textos à ne pas déflorer.
Chez les plus grands, quand on dit l'intimité, il s'agit bien de l'alcôve. Ne demandez JAMAIS comment se passe sa sexualité. Vous souriez ? Alors, sachez que bon nombre de mères se complaisent dans les détails de la vie intime sexuelle de leur progéniture. Si, Si. À croire qu'elles revivent intensément des périodes pétillantes de leur propre vie d'ado, lorsqu'elles avaient le même âge. De la même façon que votre intimité ne regarde pas vos enfants, la leur doit rester loin de vous. Qu'on se le dise. C'est ainsi que nos enfants se sentent emplis de sentiments et d'expérience qui leur appartiennent.

si elle ne serait pas un peu amoureuse, dis donc. Motus. Elle m'en parlera bien quand elle en ressentira le besoin. Inutile que j'en sache trop.

17:35
LE MOMENT TANT ATTENDU

Je profite d'avoir tout mon petit monde sous la main pour lancer les hostilités : c'est l'heure du DIY « *organizer* familial » ! Benoît fait un peu la tronche, les Nains ne sont pas convaincus. Je redouble d'efforts pour les motiver, j'ai même acheté des gommettes-comme-quand-ils-étaient-petits (c'est ma semaine *Retour vers le Futur*). Commencent alors des négociations à deux balles (« si je sors le chien le mardi, je fais pas la vaisselle le mercredi » ; « un remplissage de machine, ça vaut pas deux sorties de poubelles »), mais je tiens bon !

Au final, tout le monde finit par se mettre d'accord, et c'est avec un plaisir non dissimulé que j'accroche au frigo notre planning commun. Mise en route dès lundi !

18:30
IL A TOUJOURS TRÈS MAL

Je dresse la table dans la salle à manger pour le dîner et prépare tout dans la cuisine. Méga apéro, blanquette de veau, pommes vapeur, plateau de fromages et mousse au chocolat.

La seule chose que je demande à Ben, c'est de descendre à la cave pour remonter du vin. Il m'explique qu'il a trop mal aux jambes, qu'il pense pouvoir y descendre mais n'est pas sûr de pouvoir en remonter. Ben voyons... Il ne lui manquent plus que les béquilles.

Mon regard assassin lui fait comprendre qu'il-ne-faut-pas-pousser-le-bouchon-trop-loin ! Il s'exécute en claudiquant. Ah, tiens, ça marche quand je prends un air un peu méchant et que je ne donne pas le choix. Ça ne lui fait pas de mal que je le secoue de temps en temps. Je me demande vraiment pourquoi je ne le fais pas plus souvent ?

20:00
TOUT EST PRÊT

La table est super jolie, je change la déco en fonction des dîners, des saisons, de mes envies du jour. J'adore faire de belles tables quand je reçois. Benoît dort a moitié dans le canapé, le vélo l'a achevé (ou serait-ce la descente à la cave ?)

Les enfants ont le droit d'aller s'acheter des hamburgers en bas de la rue. On se rattrapera demain (ou pas).

20:15
SALUT LES COPAINS !

Les copains arrivent. Elle, toujours belle et souriante, lui toujours un peu crado et traînant la savate. Ce sont nos bons potes, on les adore.

Elle bosse dans la production télévisuelle, gère de fronts plusieurs projets à la fois, saute de rendez-vous en rendez-vous sur son scooter, qu'il neige ou qu'il vente. Je ne l'ai jamais entendue se plaindre ni de sa vie, ni de son mec, ni de ses mômes. Limite de sa belle-mère.

Lui s'est arrêté de bosser à la naissance de leur deuxième enfant. Ou plus exactement, étant journaliste free-lance, il lui était très facile de travailler de la maison tout en gardant un œil sur leur progéniture, en faisant venir une baby-sitter quand cela était nécessaire.

Les enfants ont aujourd'hui douze et seize ans. Rien n'a changé, rien n'a bougé. Ils se sont installés dans cette vie où elle qui gagne l'argent du foyer et lui a du temps libre pour aller quotidiennement à la piscine dès son ouverture, remplir le frigo et s'occuper des enfants quand ils rentrent à la maison. Un père au foyer, quoi. Un vrai, un dur.

Elle me glisse discrètement qu'elle est crevée et qu'elle aimerait bien lever un peu le pied, mais qu'elle pas trop le choix. Ça n'a pas l'air de la préoccuper plus que ça. Je la mets en garde contre l'épuisement professionnel, ce qui la fait beaucoup rire. Les femmes sont habituées à tout gérer, non ? Elle au moins a la chance d'avoir une vraie reconnaissance dans son boulot et de la part de son mec, qui est de bon poil quand elle rentre le soir pour se mettre les pieds sous la table. Oui, vu sous cet angle, c'est pas faux.

Nous passons un dîner très agréable entre souvenirs de notre jeunesse-pleine-de-promesses, nos enfants-qui-sont-un-peuchiants, notre boulot-qui-nous-rend-marteau et passons en revue tous nos copains communs et leurs éventuels travers de vie.

Le dîner est succulent, le copain me complimente. Je vois bien que c'est lui qui fait la bouffe chez lui, il reconnaît la qualité de ce qu'il a dans son assiette.

Ben se ressert deux fois de chaque plat. Je me permets discrètement une petite réflexion sur son soi-disant régime, il me regarde comme si j'étais une folle.

VOUS LE SAUREZ

POUR LA PROCHAINE FOIS...

Comme toute nouvelle espèce, les PAF, ou Père Au Foyer, sont rares, très rares, mais pourtant ils existent ! Si vous ouvrez l'œil, et le bon, vous les verrez au parc à l'heure des mamans, et même aux sorties de classe. Cette nouvelle catégorie de pères représente en France 3 % des parents au foyer, et on met notre main au feu que ce nombre va augmenter dans les prochaines années.

Rompant avec le système ancestral de « l'homme-qui-ramène-l'argent-à-la-maison », ces PAF ont fait le choix d'élever leur progéniture avec amour, dans la joie et la bonne humeur... même si, comme tous les parents, ils en ont aussi parfois ras la casquette.

Pourquoi ce choix pas comme les autres ? En fait,

les raisons sont nombreuses : une période de chômage, une reconversion professionnelle, une épouse qui gagne mieux sa vie (merci l'ascension des femmes dans les entreprises !)... Mais aussi, et peut-être surtout, des mentalités qui évoluent et une nouvelle génération de papas qui a envie de vivre sa paternité autrement, en étant plus présent auprès des enfants.

Ça vous en bouche un coin, non ? Vous n'êtes pas la seule... Pas facile d'assumer ce nouveau rôle, surtout si l'on considère que même la mère au foyer a parfois mauvaise presse. Alors, un père, vous imaginez ! Et pourtant, ces « nouveaux papas » peuvent compter sur une image de pionniers qui les rend très attendrissants. Il n'y a qu'à voir le nombre de mamans qui se retournent sur leur passage au parc justement...

Reste aux femmes à les accompagner dans leur nouvelle fonction de gardiens du foyer qu'elles assumaient depuis des centaines et des centaines d'années (encore un concept ancestral). « Papa est en haut qui fait des gâteaux, Maman est en bas qui fait du chocolat... » Ça bouge, et on s'en réjouit !

23:28
DANCE FLOOR

On sort de table et une envie folle de danser (le vin sans doute ?) me pousse vers la chaîne hi-fi. Les enfants sortent de leur chambre en se plaignant qu'on fait trop de bruit.

On danse tous comme des gamins. Tous sauf Benoît, qui a décidément mal partout. Dommage, il perd une occasion de s'amuser et de m'amuser au passage. Ça ne gâche pas mon plaisir. Tant pis pour lui. Vas-y poulette !

00:20
ÇA CHAUFFE !

Nos copains sont partis. La maison ressemble à un champ de bataille. Ben part s'écrouler dans le lit en m'expliquant que je ne me rends pas compte de ce qu'il est crevé. Je lui hurle dessus (oui je sais c'est moche d'avoir un coup dans le nez) que rien ni personne ne l'oblige à se réveiller aux aurores le samedi, que rien ni personne ne l'oblige à se prendre pour Lance Armstrong (surtout quand on sait comment il a fini), que, *by the way*, j'aimerais bien de temps en temps pouvoir me réveiller dans les bras de mon homme le week-end et que si ça continue comme ça, il ne faudra pas qu'il s'étonne si…

Sur ce, ami du soir, bonsoir, je vais ranger, parce que s'il y a bien un truc que je déteste, c'est me réveiller avec les restes de bouffe gélifiés au fond des assiettes et les cendriers pleins.

00:30
REMISE EN QUESTION

Je commence mon boulot d'agent de surface en me demandant ce que serait ma vie si je la gérais seule. Finalement, est-ce que cette trouille de mal faire, de ne pas être aimée est justifiée au point de tout accepter ? Est-ce que ce ne serait pas plus simple si j'étais seule à tenir le manche ? Est-ce que je serais si malheureuse que ça ? Est-ce que courir après la reconnaissance de tout le monde m'apporte vraiment quelque chose, ou n'est pas juste un moyen de combler le vide que j'ai au fond de moi et que j'entends, tant ça sonne creux.

VOUS LE SAUREZ

POUR LA PROCHAINE FOIS...

« Mieux vaut être seule que mal accompagnée ! » C'est dingue, vous ne comptez pas le nombre de fois où vous avez entendu cette bonne vieille phrase de consolation de la part de votre meilleure amie, de votre sœur, de votre mère... Mais savez-vous qu'elle date du XVe siècle ? Et qu'à cette époque, déjà, les relations de couple c'était pas tout à fait ça ?

Alors en fait, être en couple, est-ce vraiment le Saint Graal ? Depuis que vous êtes toute petite, on vous serine que l'amour avec un grand A existe, que quand vous serez grande, vous allez trouver l'homme de votre vie, que la vie à deux c'est mieux... Sans compter les contes de princesses qui finissent tous par « ils se marièrent, vécurent heureux et eurent beaucoup d'enfants ». Les films, la publicité, les magazines, votre grand-mère, toute notre société glorifie le couple en nous faisant croire que les femmes, c'est comme les pingouins, ça marche par deux.

Comment voulez-vous vous en sortir après tout ça ? Sans compter qu'en creusant un peu, du côté psy, tout vous porte à vouloir être deux : soit vous voulez reproduire le modèle de vos parents, soit compenser le couple qu'ils ne formaient pas.

Cette notion binaire de la vie fonctionnait bien à l'époque de votre grand-mère Henriette, voire de votre mère, justement, quand les femmes bossaient moins, et qu'elles pouvaient difficilement espérer avoir une place dans la société et se définir autrement que par rapport à leur époux... Or depuis quelques décennies, et l'émancipation féminine, l'indépendance financière permet de choisir une autre voie vers le bonheur. Et les femmes ont aujourd'hui la possibilité d'exister par elles-mêmes et de s'épanouir en dehors du sacro-saint couple, bottant ainsi en touche la pression sociale et familiale.

Certes, il n'est pas facile d'imposer son célibat quand tout le monde demande sans cesse « alors, quand est-ce que tu trouves quelqu'un... ». Mais au fond, la clef du bonheur n'est-elle pas d'apprendre, avant tout, à être bien avec soi-même ? Grâce au célibat (oui, oui, vous lisez bien « grâce » et pas « à cause »), on a du temps pour soi, pour s'épanouir et s'écouter, enfin ! On peut se lancer dans des projets qui nous tiennent à cœur, relever des défis fous au boulot ou dans le sport, choisir ses connaissances et approfondir ses amitiés... et même, on peut le dire, s'étaler en étoile de mer dans le lit, ne pas s'épiler les jambes tous les mois, manger à même le pot de Nutella. Bref, profiter d'une vraie liberté ! On chemine à son rythme, selon ses propres envies, en menant sa barque comme bon NOUS semble pour nous accomplir.

Certes, la solitude imposée est un coup dur. Mais c'est également une chance pour se découvrir, pour apprendre sur soi, pour avancer aussi. Si, si, on vous assure, un célibat, même pas choisi, peut vous enrichir ! Une fois que vous aurez appris à vous connaître, que vous aurez géré votre solitude, alors il sera temps de choisir d'être en couple ou de rester seule. Une chose est sûre : c'est en ayant été heureuse seule que vous pourrez être heureuse (ou épanouie) durablement à deux, car vous serez au clair sur ce que vous voulez... et ce que vous ne voulez pas !

À SAVOIR SANS FAUTE !

Petit récap' sur les droits des femmes, parce que, parfois, on oublie que tout ça date presque (seulement) d'hier !

1944 : Droit de vote.

1965 : Droit d'ouvrir un compte en banque personnel ; droit d'exercer une profession sans l'autorisation du conjoint.

1967 : Autorisation de la contraception.

1975 : Droit à l'IVG ; instauration du divorce par consentement mutuel.

1983 : Loi qui pose le principe de l'égalité professionnelle.

???? : Égalité des salaires... C'est pas gagné !

TEST

QUELLE AMIE ÊTES-VOUS ?

1. Avez-vous gardé vos amis d'enfance ?

■ Oui

▲ Non

● Certains d'entre eux.

---

2. Seriez-vous prête à traverser la ville, la nuit, sous la pluie, avec des chaussures trop petites pour aider un ami en difficulté ?

■ Oui, même à poil !

▲ Non, jamais de la vie, je ne suis pas Mère Teresa.

● Mes amis ne me demanderaient jamais ça, ils connaissent ma pointure.

3. Vendredi 13 :00, vous vous préparez à quitter le bureau pour un week-end en amoureux. En quittant Facebook, vous constatez que votre copine Hortense, dont la vie sentimentale est agitée, vient de changer pour la 3e fois en 2 semaines son statut de *It's complicated* à *Single*.

▲ Vous éteignez votre ordi en préparant déjà votre défense : week-end surprise au fond de l'Aveyron, aucun réseau, coupée du monde jusqu'au lundi matin.

■ Vous appelez votre chéri en lui expliquant que si Hortense venait à faire une bêtise, vous vous le reprocheriez jusqu'à la fin de vos jours.

● Vous envoyez vite un message à Hortense pour lui dire que vous êtes déjà en route, « pas moyen d'annuler tu comprends, on se voit lundi au déjeuner pour que tu me racontes toutes tes misères ».

4. Écoutez-vous les conseils que vos amis vous donnent ?

■ Oui

● Non

▲ C'est moi qui donne les conseils, je n'en reçois de personne.

---

5. Votre meilleur(e) ami(e) l'est depuis

▲ Hier

● 2 ans

■ Toujours

---

6. Dîner important chez vous ce soir. Une dizaine de convives, dont Duboss et Madame. Vous attendez également Suzanne, votre amie proche, mère célibataire très à l'écoute de Dylan, son fils unique de 8 ans. Elle vous

appelle une heure avant le dîner : sa baby-sitter vient de la planter, et elle propose d'emmener la chair de sa chair.

▲ Vous expliquez fermement à Suzanne qu'il n'en est pas question et que vous vous priverez du plaisir de sa présence. Je ne suis même pas encore habillée, impossible de discuter plus longtemps, désolée !

■ Vous finissez par céder après avoir écouté les promesses de Suzanne concernant les progrès comportementaux de sa merveille de fils.

● Vous envoyez à Suzanne le 06 de votre baby-sitter et vous lui précisez qu'elle a 30 minutes pour trouver (ou pas) une solution et vous donner des nouvelles.

RÉSULTATS

Vous obtenez une majorité de ▲

VOUS ÊTES UNE AMIE COMME ON N'EN A PAS

Ben ça tombe bien, vous n'en avez pas non plus ! Ça c'est sûr, à ce niveau-là, le syndrome TBTC ne passera pas par vous !

Vous obtenez une majorité de ●

VOUS ÊTES RACHEL DANS FRIENDS

Ah, ça vous botte, hein ! De vous imaginer avec une coupe de cheveux que le monde entier va vous copier, un amoureux qui est paléontologue (ah bon, le vôtre est serrurier ?) et un job chez *Ralph Lauren* (pour vous ce sera *Zara*...). Bref, on ne va pas épiloguer, vous, c'est vraiment l'amie qui serait prête à cuisiner un triffle à la viande pour faire plaisir à ses potes, tout en essayant de les empoisonner. Une vraie Rachel on vous dit !

Vous obtenez une majorité de ■

VOUS ÊTES UN BOULET

Et vous croyez vraiment qu'être une amie c'est être dispo tout le temps, être à l'écoute, penser aux autres, se plier en quatre pour eux ? Non, c'est pas une amie, ça, c'est encore une fois Hélène d'*Hélène et les garçons* (voir test sur la gentillesse). Et vous voyez où ça l'a mené ? Elle est mariée à un milliardaire amnésique et impuissant alors que ses copains baisent comme des lapins. Non, vraiment, revoyez vos standards.

DIMANCHE

10:10
MON RÉVEIL ME FAIT UN CLIN D'ŒIL

10:10, c'est de bon augure pour ce dimanche qui démarre. Je retrouve Benoît derrière son petit déj. Tout mini son petit déj. Il se malaxe le ventre à deux mains en regrettant ses écarts de la veille. Il me demande de l'aider à rester dans le droit chemin et de faire en sorte qu'il n'ait plus de tentation culinaire, m'explique qu'il a vraiment besoin de moi sur ce coup-là, et que le plus simple serait certainement que moi aussi je me mette à la diète, qu'une petite cure détox me ferait le plus grand bien aussi. Merci chéri, c'est sympa au réveil de se sentir belle et désirable.

Moi, je me serais bien préparé un petit déjeuner *british* (j'ai toujours une faim de loup les lendemains de gros dîner, c'est bizarre mais c'est comme ça), mais son speech sur notre soi-disant surcharge pondérale me coupe toute envie. Je me prépare donc un thé vert accompagné d'une pauvre biscotte, c'est pas la joie. Quelle nouille...
Manifestement, j'ai encore des progrès à faire pour ne pas laisser ma culpabilité (encore elle, ça faisait longtemps) prendre le dessus.

10:45
QUELLE PLAIE CE CHIEN !

Je lui fais faire un tour du pâté de maison en traînant les pieds. Vivement demain qu'on commence la répartition des tâches de la maison !

J'en profite pour appeler maman avec qui j'aurais bien passé la journée. Je lui propose du bout des lèvres de venir prendre le thé à la maison. Elle me demande si mon mari sera là et décline mon invitation quand je lui donne la réponse. C'est vraiment pénible cette animosité entre ces deux-là. Ça me pèse de ne pas pouvoir la voir quand j'en ai tout simplement envie. Je pourrais filer chez elle, mais ça ne me dit rien de laisser Ben tout seul avec les Nains. Le dimanche est LE jour où on est supposé faire des choses tous ensemble.

VOUS LE SAUREZ
POUR LA PROCHAINE FOIS...

OK, c'est un fait, entre vos parents et votre jules, ce n'est pas le grand amour. La situation vous crispe, vous fait de la peine, et la perspective de les voir tous ensemble vous tord les boyaux. Comme vous n'allez pas quitter votre mec pour autant et que vos parents n'ont pas l'intention d'aller vivre au bout du monde, il va falloir faire avec !

Voici quelques pistes pour réussir à vivre au mieux au milieu de cette zizanie.

1. Prenez avant tout le temps d'écouter et de comprendre les reproches de chacun.

2. Faites-vous expliquer précisément ce qui ne va pas. Et notez tout ça dans un carnet, histoire de ne rien oublier (parce que oui, on oublie souvent ce qui ne nous plaît pas !).

3. Précisez à tout ce petit monde qu'il est important POUR VOUS que chacun fasse les efforts nécessaires pour que la relation soit plus apaisée. Insistez aussi sur le fait que vos enfants assistent eux aussi à ce spectacle navrant, et que, pour leurs relations futures, ce serait bien de mettre la pédale douce (histoire qu'ils ne reproduisent pas les mêmes erreurs).

4. Fixez des règles simples. Hors de question par exemple que vos parents passent à l'improviste chez vous. D'ailleurs, évitez de leur laisser un double de vos clés, vous donneriez le bâton pour vous faire battre !

5. Interdisez à votre homme de critiquer vos parents devant des tiers (et inversement !). Il ne voit pas qu'en se défoulant ainsi, il ternit votre image en déblatérant allègrement sur un territoire qui vous est personnel et intime. Donc : niet !

6. Voyez vos parents seule ou avec vos enfants si vous en avez. Mieux vaut un repas du dimanche cool et détendu sans votre homme qu'un moment pénible tous ensemble. Personne ne vous contredira (pour une fois !).

7. Communiquez avec vos parents quand vous êtes seule. Appels téléphoniques sur le chemin du boulot (vive les portables !), déjeuners en semaine...

8. Ne mettez pas votre couple en danger à cause de vos parents, ce serait dommage vu les efforts que vous faites pour que ça marche !

9. Ne faites pas de ce problème relationnel un sujet tabou et n'hésitez pas à en parler. Évidemment, évitez de solliciter votre homme au moment du match de foot ou quand il doit remplir sa déclaration d'impôts ! Soyez plus fine qu'une mouche et demandez-lui s'il est dispo pour parler d'un sujet qui vous tient à cœur et qui vous peine. S'il n'est pas prêt à le faire, ravalez votre fierté et attendez, sans monter sur vos grands chevaux.

10. Ne vous culpabilisez pas ! Vous n'y êtes certainement pour rien. Comme on dit : les goûts et les couleurs, c'est très personnel !

11. Ne prenez pas les choses pour vous. Si votre mère critique votre jules, c'est à lui qu'elle adresse les torts, pas à vous !

12. Soyez patiente, le temps fera peut-être changer les choses. La maturité arrive à tout âge... Bon, OK, là, on rêve un peu...

11:45
EN MODE LOSE

On enfile chacun un vieux jean et un sweat pour aller acheter le poulet rôti et sa barquette de pommes de terre dominical.

De tout ce que l'on pourrait faire ensemble, aller à la chasse à la volaille toute cuite avec lui n'arriverait pas dans mon *Top Ten*, mais c'est comme ça depuis que les Nains sont petits. C'est notre moment romantique à nous (oui, je sais, c'est un peu pathétique)...

On croise en bas de l'immeuble nos nouveaux voisins du dessus, un couple de trentenaires avec une bonne tête. On ne les connaît pas plus que ça. Et pourtant ! Nous partageons une intimité certaines puisqu'ils nous font participer contre notre gré à leurs ébats, sonores et quasi quotidiens. C'est toujours gênant pour nous, ça nous renvoie quelques années en arrière quand nous aussi on emmerdait nos voisins en se la jouant « Ken et Barbie s'envoient l'air ».

12:00
IL Y A LA QUEUE CHEZ LE BOUCHER

Benoît m'attend dehors. Je me rends compte qu'une petite mémé qui me rappelle Tatie Danielle me passe devant. J'hésite à râler, mais je n'ose pas. Respect aux vieilles biques, je ne veux pas d'histoire. Ben passe une tête en me demandant ce que je fous à traînailler. Ça va être de ma faute maintenant. J'en viens presque à m'excuser.

12:30
RETOUR AU BERCAIL

Poulet fumant au bout d'un bras, bouquet de fleurs a deux balles au bout de l'autre. Ça aussi ça fait partie de nos rituels : le bouquet de fleurs acheté sur le trottoir devant le marchand de journaux. Pas de surprise, plus de surprise, fini ou presque les initiatives heureuses qui font sourire le cœur. La sortie restau de cette semaine fait partie des exceptions qui confirment la règle. Les enfants n'ont, bien évidemment, pas mis la table. J'ai oublié de leur demander avant de partir. Les pauvres, ils ne pouvaient pas savoir !

13:00
LE DÉJEUNER DOMINICAL

La Grande arrive encore maquillée de la veille, elle doit rentrer de soirée. À table, chacun y va de ses petites histoires de potes, d'amoureux, de cours, de soirées à venir, de rêve de prochaines vacances.

Ô surprise, Benoît propose un panel d'activités pour l'après-midi : expo, balade en forêt, cinoche. Il aurait pu s'arrêter là, mais non, il fait l'erreur de finir en évoquant une après-midi glandouille... Les enfants sautent sur la dernière proposition à pieds joints.

Je suis contrariée, surtout parce qu'il ne m'a rien proposé à faire à deux. Quand les Nains étaient petits, on faisait ce qu'on voulait les dimanches après-midi, toujours tous les deux. Et ce qu'on voulait, c'était qu'ils fassent la sieste pour que nous puissions faire la nôtre, de sieste. La sieste du dimanche après-midi était notre moment à nous, elle nous reconnectait pour la semaine à venir ; c'était notre remise à niveau émotionnelle, le tissage de notre lien amoureux, elle nous rendait plus forts face au quotidien qui allait suivre.

Mais voilà, ce moment rien qu'à nous a été dissous par les années, les enfants qui grandissent, l'habitude, le quotidien, la routine... C'est plus que dommage, limite dangereux même... Décidément, ma petite introspection d'hier soir me colle aux basques !

15:00
ÉCHOUÉE SUR LE CANAPÉ

Après le déjeuner, je n'ai envie de rien faire. Je m'installe sur le canapé et j'allume la télé. Benoît me rejoint et s'endort dans la minute. Ça m'énerve de l'entendre ronfler. Une vraie moissonneuse-batteuse. OK, je suis déçue, énervée et aussi un peu crevée, mais le simple fait de rester là à glander me fait dresser les poils.

Quitte à s'ennuyer, je décide d'aller consulter mes mails de boulot. Après tout, on ne sait jamais, avec le décalage horaire, le dossier US aura peut-être un peu avancé depuis vendredi soir. Ce sera toujours ça de moins à gérer en arrivant lundi matin. Une petite voix (ma conscience ?) a beau me dire que j'ai tort, je ne l'écoute pas du tout !

15:15
VOUS AVEZ UN MESSAGE

Mes doigts se mettent en pilote automatique, j'ouvre ma boîte mail. Ah ben, je m'en doutais, j'ai une demi-douzaine de mails de la part de Placide et Muzo qui doivent commencer à pétocher avant le grand départ ! Ceux-là, je ne les ouvre même pas. Mais au milieu de cette marée de mots qui me semblent insignifiants, je tombe sur un mail de Marc ! Mon cœur fait un bond dans ma poitrine ! J'ouvre le message en tremblant, la vue presque brouillée par l'excitation : « Hello, quand tu arrives lundi matin, peux-tu me forwarder le CV de Pauline, je n'arrive plus à mettre la main dessus. J'en ai besoin pour finaliser son dossier d'arrivée. Merci, à très vite. Marc ».

Ni une ni deux, n'écoutant que mon courage, je récupère le CV de notre nouvelle collaboratrice. Presque instantanément, je reçois une réponse : « Salut, tu es sur ton mail pro un dimanche ? Pas très raisonnable. Mais merci pour l'envoi ! » Mon cœur fait des loopings, j'ai des fourmis dans les doigts ! D'un coup, mon dimanche me semble vachement plus sympa ! Marc est au bout de la ligne, quelque part derrière son ordi, et il me parle ! Manifestement, comme moi, il profite à fond de son repos dominical. Ou alors, c'est un vrai bourreau de travail... Est-ce qu'on dit aussi « trop bon, trop con » ?

Quoi qu'il en soit, je suis contente de pouvoir parler à un être humain qui n'est ni un Nain, ni avachi sur mon canapé. Je lui réponds avec une rapidité qui ferait pâlir d'envie Usain Bolt.

« Je sais, je fais des heures sup' qui ne me seront jamais payées. Peut-être que je devrais en parler à mon DRH ? Je vois que toi aussi tu es désœuvré cet après-midi. J'espère que tu ne t'ennuies pas trop… ».

Je ne sais pas ce que j'espère en poursuivant l'échange, mais j'espère forcément quelque chose. Deux minutes plus tard, je reçois la réponse de Marc, qui a l'air visiblement ravi de cette conversation impromptue. Les messages s'enchaînent et nous passons du registre pro à un registre plus personnel. Il me parle du dernier film qu'il a vu, je lui raconte que je n'arrive pas à finir le livre que j'ai commencé il y a trois mois. Je pouffe devant mon écran quand il me décrit ses aventures de papa-poule, je suis même émue de la façon dont il parle de ses filles.

Ce mec me plaît de plus en plus…

Quand je finis par regarder ma montre, il est déjà 16:20 ! Quoi ?! ça fait si longtemps qu'on se parle ? Je n'en reviens pas. Ça semble si facile et si évident… J'essaie d'être raisonnable et je me dis qu'il est temps de revenir au monde réel. Je lui propose de prendre un café demain matin en arrivant au bureau.

Sa réponse me fait rougir : « Quand tu veux, où tu veux ! À demain, sans faute ».

16:30
BELLE-MAMAN S'INCRUSTE

Gros coup de bambou en revenant au salon. Ma belle-mère est assise sur le canapé. Je n'ai même pas entendu la porte sonner ! Bon, faut dire que j'avais nettement l'esprit ailleurs. Voilà, c'est ça, c'est le destin qui me punit de mes échanges virtuels extraconjugaux !

C'est quand même un comble que Ben se soit permis de lui dire de passer sans m'en parler avant. Bon, OK, j'étais pas là et c'est sa mère, mais quand même. Quand je pense aux nœuds que je me fais dans la tête dès qu'il s'agit de la mienne !

En plus, il est en régression totale en présence de sa mère. Il boit ses paroles, opine du chef au moindre de ses conseils et accepte ses critiques sans broncher. Je me suis toujours demandé si c'était sincère ou s'il faisait ça pour m'emmerder.

Heureusement, personne ne me demande de participer à la conversation ! Personne ne me demande rien de toute façon, je suis Casper le petit fantôme dans cette maison.

17:30
JE M'OCCUPE

Je m'agite dans tous les sens comme un hamster dans sa roue pour me donner une contenance, j'ai trop peur que Benoît et sa mère lisent en moi comme dans un livre ouvert. Ça tombe bien : personne n'a étendu le linge et la machine à laver la vaisselle est pleine. Propre mais pleine. Au boulot. Pour une fois que ça m'arrange, je fonce.

18:30
DÉPART DE LA REINE MÈRE

Elle embrasse chaleureusement son fils et ses petits-enfants. Moi, c'est moins ça. Elle répète à son fils au moins pour la dixième fois qu'elle lui trouve une petite mine et qu'il faut qu'il prenne du temps pour lui, qu'il se relaxe ; il bosse tellement, le pauvre. C'est vrai que moi je peigne la girafe à longueur de semaine ! Je n'ai même pas envie de relever ni d'argumenter. Je me contente de faire un rictus agacé.

VOUS LE SAUREZ
POUR LA PROCHAINE FOIS...

La belle-mère est pour beaucoup d'entre nous un spécimen venimeux qu'on essaie d'éviter au maximum. Malheureusement, c'est à croire que l'animal aime notre compagnie, ou du moins notre habitat, puisqu'il est tout le temps fourré chez nous. Voici quelques conseils pour arriver à supporter cet intrus dont on se passerait bien !

1. Vous aimez le fils, ne culpabilisez pas si vous n'aimez pas la mère. Il ne s'agit pas de la même personne, on est bien d'accord !

2. Considérez que votre belle-mère est une femme comme les autres. Si, si ! Cela vous permettra de la voir comme un être humain lambda avec ses qualités et ses défauts.

3. Déterminez clairement avec elle votre mode de fonctionnement, vos attentes et vos limites. Par exemple : elle n'appelle pas entre 20:00 et 21:00, l'heure à laquelle vous dînez habituellement. On a trop fait l'expérience du « elle est froide la soupe, chérie ! » suivi d'un « normal ! t'es resté 17 minutes et 39 secondes au téléphone avec ta mère ! ». Autre exemple : elle a décidé de vous tutoyer (ben oui, vous êtes désormais une grande et belle famille où tout le monde s'aime. *Peace and Love*). Avant de dire oui, assurez-vous que ça ne se retourne pas contre vous : aurez-vous l'autorisation de la tutoyer aussi ? Sinon, la mainmise de la belle-mère sur vous est probable.

4. Soyez aimable sans en faire trop. Amabilité ne veut pas forcément dire intimité. Sachez en dire peu, sans donner trop de détails, histoire qu'elle ne puisse pas rebondir et vous mettre à nu (« Ah bon, tu aimes les chocolats ? Ça ne m'étonne que tu aies un peu grossi ces derniers temps ! »). Ne vous épanchez pas sur vos parents et votre branche de la famille, elle pourrait avoir tendance à comparer, et peut-être à critiquer...

5. N'acceptez pas de votre belle-mère des comportements que vous n'accepteriez pas d'autres personnes. OK, votre chéri lui doit la vie, mais ça ne lui donne

pas tous les droits sur vous. Lui, c'est lui. Elle l'a élevé, éduqué durant (au moins) vingt ans. Mais vous, c'est vous ! Et justement, votre chéri vous a choisi parce que, précisément, vous êtes certainement bien différente de toutes les femmes de sa famille, et surtout de sa mère. Si vous en doutez, envoyez-le chez le psy !

6. Encouragez votre homme à gérer en direct les relations avec sa môman, ça vous évitera des crises de nerfs à vous et les crises tout court dans votre couple.

7. Encouragez-les à avoir des moments en tête à tête, vous en profiterez pour voir vos copines ou vous faire une soirée peinarde. Après tout, vous n'avez pas signé pour passer vos soirées *off* à boire des coups avec votre belle-maman.

8. En cas de dérapage incontrôlé de la relation, expliquez-vous en direct, sans y mêler votre jules, ça ne peut qu'être bénéfique à la longue.

9. Si vous estimez qu'elle n'a pas « fait ce qu'il faut » pour « préparer » son fils chéri à la vie d'adulte et de couple en le rendant autonome, c'est à vous de jouer ! Il vous revient de compléter la formation de ce grand garçon. Après tout, vous aviez quand même un peu testé la bête avant de louer votre premier studio ensemble, vous ne pouvez pas jouer la surprise maintenant !

18:35
BEN SE DOUTE-T-IL DE QUELQUE CHOSE ?

Il m'attrape par le bras pour me faire pivoter. Il me serre dans ses bras en me disant que mon regard n'était pas le même que d'habitude quand je suis revenue dans le salon. Si tu savais... Tu ne sens rien venir en fait ? Rien du tout ? Tu es supposé être la personne avec laquelle je partage le plus de choses, de laquelle je suis la plus proche. Je ne devrais rien avoir à te cacher, je ne devrais avoir honte de rien avec toi, je ne devrais pas avoir à courir partout à chercher la reconnaissance que tu ne me donnes pas !

Tu me sens corvéable à merci, prête à supporter toujours plus... Mais tu te trompes, l'élastique peut péter à tout moment. Je ne veux me sentir ni victime ni amazone, je veux me sentir moi, centrée, ancrée. Je veux enfin pouvoir me sentir bien dans ma vie.

19:00
Y'A RIEN DANS LE FRIGO, VERSION MEC

J'appelle ma copine Ariane pour savoir comment s'est passé son week-end de filles – auquel j'aurai vraiment mieux fait d'aller, soit dit en passant. Elle me raconte à quel point c'était cool, et le show qu'elle vient de se faire en observant son mec, François, devant le frigo quasi vide. En gros, ça donne :

Lui rentre d'une virée entre mecs, il a les crocs et se précipite sur le frigo. Ouvre tout grand les yeux, hurle de bonheur. « Ouaiaiais ! » Choppe la planche à découper et un couteau. Se met à siffler. Attrape vigoureusement les emballages : jambon (ibérique de Bellota), fromage (pecorino di tartufo), poitrine de poulet grillé (nègre-soie), concombre (desséché au niveau de la coupe). Sors le pain au levain (cuit au four à bois) dans le placard. Pose le tout sur la planche à découper. Découpe pain, jambon, fromage, poulet et concombre, dépose le tout devant lui. Retourne au réfrigérateur. Prend la bouteille ouverte de vin blanc, se sert un verre, le boit. Fais un énorme sourire de contentement. Dit : « C'est une bonne chose de garder les restes. » S'assied à table et boulotte son sandwich, heureux.

19:15
Y'A RIEN DANS LE FRIGO, VERSION NANA

Trop drôle. Histoire de m'amuser, j'appelle François pour savoir si tout s'est bien passé pendant son week-end *all alone*. Il y va de sa petite histoire sur le retour de sa chère et tendre, face au frigo avec écho (ben ouais, elle était avec ses copines et ne l'a donc pas rempli). Elle rentre de son week-end entre filles, a faim et se jette sur le réfrigérateur. Ouvre grand les yeux et hurle : « Beurk ! » Prend un sac-poubelle et des gants en plastique. Se met à pester. Sort très prudemment les emballages ouverts : le jambon (irisé), le fromage (ratatiné), la poitrine de poulet grillé (vieille d'au moins cinq jours), les concombres (complètement rabougris). Attrape le pain (dur comme de la pierre) dans le placard. Balance le tout dans la poubelle. Retourne au réfrigérateur. Sort la bouteille ouverte de vin blanc, vide le vin dans l'évier. À un sourire de contentement. Dit : « C'est dégueu de toujours tout garder. » Se tartine un toast de pain avec du fromage à la crème maigre. Le grignote sans passion.

19:45
LE BLUES DU DIMANCHE SOIR

Le dimanche soir n'a jamais été mon soir. Eh oui... Demain, y'a école... Alors tous les dimanches, j'ai l'impression d'entendre les « range tes jouets », « prépare ton sac », « t'as bien fait tes devoirs ? », « ne regarde pas la télé trop tard, demain on se lève »... Mais là je touche le fond. Toutes mes interrogations de cette semaine me reviennent à l'esprit, comme un boomerang.

Il aurait fallu que je tienne ma vie les rênes courtes, que je sois vigilante à chaque glissement, que je me fasse suffisamment confiance pour ne pas avoir peur de remettre des choses à plat, que je sois suffisamment construite à l'intérieur de moi pour ne pas avoir envie de plaire à tout le monde au point de m'oublier.

Et c'est reparti ! Me voilà encore à culpabiliser. Je ne veux pas faire mon Caliméro, mais quand même... J'ai toujours considéré que la gentillesse était LA principale qualité qu'on devrait tous avoir. À quel moment ma gentillesse a-t-elle été perçue par ma famille, certains de mes amis, mes collègues, mon patron, comme de la connerie ? À quel moment ai-je raté l'affichage des voyants d'alerte ? Pourquoi ai-je continué à me laisser marcher sur la tronche ? Être opérationnelle au bureau, assurer à la maison, auprès des copines, des Nains, de mon mec : OK, pourquoi pas, si ça me fait plaisir. Mais un petit merci de temps en temps, un signe que mes efforts sont reconnus et appréciés ? Aussi rare que la pluie dans le désert d'Atacama (nan, c'est pas sur Tatouine, c'est au Chili, et c'est le désert le plus aride de la planète...). Il y a quand même une différence entre celle qui fait tout au mieux, qui en est heureuse et qui est remerciée pour ses efforts, et celle qui fait tout aussi bien, mais qui n'a jamais aucun retour positif de personne, même pas d'elle-même, non ?

Bon, en attendant ma prochaine réincarnation, il faut que demain soit le premier jour du reste de ma vie.

Trop bonne, trop conne : plus jamais ! Cette pensée me ravigote, me sort de ma léthargie. Allez poulette, on se reprend !

20:00
LE DÎNER DU DIMANCHE

Je mets la table. Limite jouissif. Je m'applique particulièrement à ce que tout soit soigné, léché, joli... Qu'ils en profitent ! Les Nains le remarquent et apprécient. Je suis bien contente qu'ils fassent la différence entre une table-brouillon et une table-souriante. Benoît a l'air un peu perplexe, déstabilisé ; il me regarde comme s'il cherchait sur mon visage une explication à cette soudaine légèreté.

Ne t'inquiète pas chéri, tu auras des explications. Tu en auras quand je serai prête à t'en donner. En attendant, fais gaffe à moi.

22:00
CLAP DE FIN

Je me couche avec la ferme intention de terminer ce satané bouquin avant la saint-glinglin. Voilà un objectif clair et simple à atteindre !

Je prends mon réveil. Je change la programmation.

À partir de demain, mon réveil sonnera à 7:15, c'est bien assez tôt !

TEST

QUELLE FILLE ÊTES-VOUS ?

1. Votre maman qui vit seule s'est foulé la cheville et reste immobilisée pendant plusieurs semaines.

▲ Vous arriverez bien à passer chez elle tous les jours pour lui faire les courses et la cuisine. Vous lui devez bien ça.

● Vous appelez ses copines et mettez en place un tour de garde.

■ Elle est majeure et vaccinée, elle va bien se débrouiller.

---

2. Vos parents vous passent un savon.

● Vous ne les écoutez pas. Ça rentre par une oreille et ça ressort par une autre, vous avez passé l'âge de vous faire gronder.

▲ Vous faites tout pour vous justifier même si vous n'êtes pas en phase avec les arguments que vous avancez.

■ Vous tournez les talons en leur disant que vous passerez les voir un jour prochain.

---

3. Vous gardez comme souvenir de votre enfance auprès de vos parents un sentiment.

● Formateur. Vous essayez de tirer les leçons de l'éducation que vous avez reçue.

▲ Doux et enveloppant. Vous donneriez beaucoup pour revenir en arrière.

■ Mitigé. Avec ses périodes cool et ses moments relou. La vie quoi !

---

4. Vous appelez votre mère/votre père/ vos parents.

▲ Tous les jours, 365 jours par an.

■ Quand vous y pensez.

● 2 à 3 fois par semaine.

5. La dernière fois que vous avez passé des vacances avec vos parents.

■ L'année de mon Bac Français, un vrai tunnel !

▲ L'été dernier. Comme tous les étés, ça leur fait tellement plaisir.

● Il y a 5 ans. Pour leur anniversaire de mariage.

---

6. Quand vous avez annoncé que vous alliez vous marier.

▲ Vous avez demandé l'autorisation à vos parents.

● Vous leur avez fait choisir le dessert du repas de mariage.

■ Vous ne les avez même pas prévenus.

RÉSULTATS

Vous obtenez une majorité de ■

VOUS ÊTES UNE ORPHELINE

Telle Annie et ses boucles orange dans le film éponyme, vous êtes une gentille fille sans parents qui doit affronter la méchante directrice de l'orphelinat. Mais votre ténacité et surtout votre intelligence vous permettent de ne pas sombrer et de traverser la vie comme dans une comédie musicale. En fait, vous êtes une reine de Broadway. Avec ça, franchement, qui aurait besoin de parents !?

Vous obtenez une majorité de ▲

VOUS ÊTES UN CHIHUAHUA

Nœud dans les cheveux, petit manteau quand il fait froid, jouet en plastique... Vous avez toute la panoplie de la « fifille à sa môman ». Vous adorez vous faire câliner, et vous poussez même le vice jusqu'à dormir au pied de vos maîtres (euh pardon, de vos parents). Faites attention tout de même, l'espérance de vie d'un chihuahua n'est pas très longue...

Vous obtenez une majorité de ●

VOUS ÊTES LA DÉCLARATION D'INDÉPENDANCE DES ÉTATS-UNIS

Ah, ça a de la gueule, non ? Fière de vous, vous voilà prête à vivre votre vie volontaire et libre ! Détachée de la terre mère, vous menez vos propres batailles et vous vous affirmez comme un territoire autonome. Pour un peu, on vous appellerait Jefferson.
God Save YOU !

REMERCIEMENTS

Merci à mes très chers amis, qui ont su me rassurer sur mes choix de vie, qui ont été des miroirs utiles et constructifs, qui m'ont aidé à lever le bout de mon nez d'un chemin qui n'était plus le mien.

Merci à mon Amoureux, qui m'accompagne sur ce nouveau chemin, qui sait si bien lire entre les lignes, et qui a su me mettre au travail avec bienveillance quand je n'en n'avais pas envie, et me faire éteindre mon ordi avant que je m'endorme dessus.

Merci à Harry, pour m'avoir transmis et fait comprendre son savoir. Pour ces heures de travail joyeusement partagées autour de thés fumants et de chocolats croquants.

Merci à Hélène et Aline, chez Marabout, qui m'ont fait confiance et grâce à qui j'ai découvert à quel point écrire pouvait être enthousiasmant.

Merci aussi à :

Nathalie. Brigitte. Fred. Vincent. Marie. Dominique. Sandra. Nicolas. Floss. Flo Flo. Marianne. Anne-Sophie. Antoine. Christelle. Marthe-Hélène. Catherine. Pascale. Danielle. Maman. Papa. Charlotte. Juliette. Martin. Paul. Victor. Stéphanie. Christophe. Patricia. Béatrice. Ariane. François. Cécile. Laura. Billy. Brune. Susanna. Zoé.

À PROPOS DE L'AUTEUR

Maman dévouée de cinq enfants, chef d'entreprise dans la communication, amie à l'écoute de ses proches, fille qui se veut parfaite, sœur affectueuse, compagne amoureuse et attentionnée, Anne a mis du temps à comprendre qu'il lui fallait aussi sortir son épingle du jeu (du JE ?) dans cette vie qu'elle voulait trépidante.

Une fois le constat fait et la désillusion passée, elle a appris à se faire respecter, à s'aimer suffisamment et à garder sa joie de vivre et sa bienveillance en faisant passer ses propres attentes avant celles des autres.

Anne est également l'auteur de *Comment j'ai décroché de mon ex* (Marabout, 2016).

Imprimé en espagne par Cayfosa
pour le compte des éditions Marabout (Hachette Livre)
58, rue Jean-Bleuzen 92178 Vanves Cedex

Achevé d'imprimer en mars 2017

Dépôt Légal : février 2016

978-2-501-11183-6
2402117 / 03